ERRORES MÉDICOS

15 HISTORIAS JUDICIALES

ERRORES MÉDICOS

15 HISTORIAS JUDICIALES

1.ª EDICIÓN

Obra de
Eugenio Moure González

Prólogo de
Ángel María Carracedo Álvarez

COLEX 2022

Autor de la imagen de portada: Adolfo Enríquez

© Editorial Colex, S.L.
Calle Costa Rica, número 5, 3.º B (local comercial)
A Coruña, C.P. 15004
info@colex.es
www.colex.es

I.S.B.N.: 978-84-1359-657-0
Depósito legal: C 1647-2022

A los buenos médicos, que son mayoría,
pero sobre todo a los médicos honestos,
esos que saben reconocer los errores.

A los doctores Manuel Montero Gómez
y Julio García Vázquez,
in memoriam.

PRÓLOGO

Gran parte de mi vida la dediqué y la dedico a la medicina legal, que con la genética clínica y la investigación en ambas áreas constituyen la parte principal de mi carrera profesional. En la primera, el profesor Concheiro, mi maestro, siempre quiso que, aunque me dedicase especialmente a la genética forense, tuviese una formación en todas las facetas de la medicina legal, pero siempre eludí el dedicarme a temas de responsabilidad profesional, precisamente porque vivía el dolor y la tragedia que para pacientes y médicos suponía, aunque leía muchas obras y artículos relacionados con el tema pues, durante muchos años, era uno de las materias que tenía que explicar a los alumnos, lo que actualmente ya no hago, pues tenemos profesores en el área más expertos en el campo. No pensaba yo que lo volviese a retomar cuando, en un mensaje encantador, Eugenio Moure me pidió que prologará su libro. Me lo pensé, no por la reputación demostrada del autor, un abogado muy querido y uno de los grandes expertos en el tema, con una enorme experiencia, sino porque mi sensación siempre fue agridulce en los pocos casos en los que bajo la tutela del profesor Concheiro intervine. Tengo que decir que no me pesó haber aceptado, disfruté con la lectura del libro y también me permitió reflexionar sobre muchas de las situaciones y de las causas del continuo incremento de los casos de responsabilidad profesional. Comparto muchas de las reflexiones de Eugenio, pero veo que el problema es muy complejo. Los errores son inevitables en cualquier actividad humana, y es un deber ético del médico tener humildad y, cuando los comete, saber reconocerlos. Generalmente una adecuada relación médico-paciente, un buen trato y cariño al enfermo evita o minimiza los problemas, pero es cierto que algunos de los casos que el autor comenta son un ejemplo claro de lo que un importante médico-legista francés, Camille Simonin, llamaba «el orgullo que ciega» y que es una de las facetas más negativas que puede tener un profesional. La educación en ética en la relación médico-paciente y en comunicación de la información debería ser una parte imprescindible del curriculum de medicina, y una enseñanza en valores debería comenzarse ya en la educación primaria y seguir con ella toda la vida. Hay muchos pacientes que sufren por errores y están aumentando los casos de responsabilidad profesional, en parte debido a una medicina tan masificada y con poco tiempo de atención al paciente como la actual, pero también es cierto que no todas las demandas son justas y que hay profesionales que sufren mucho al verse demandados por acciones de las que no son responsables. Se olvida con frecuencia que la obligación que tiene el médico es de medios y no de resultados y vivimos en una sociedad en la que no hacen más que parecer en los medios avances en la medicina, por una guerra de propaganda pública y privada, que no viene contrarrestada por un esfuerzo educativo que permita entender al ciudadano los inmensos límites que la medicina aún tiene. Yo creo que este libro es una oportunidad para la reflexión que os va a interesar a todos y felicito al autor por haber realizado el esfuerzo de transmitirnos su experiencia, ilustrada en estos quince casos, cada cual de mayor interés para recapacitar.

Ángel María Carracedo Álvarez

Catedrático de Medicina Legal de la Universidad de Santiago (USC)

INTRODUCCIÓN

Soy uno más de esos millones de personas que durante el confinamiento por la pandemia salía a la terraza de mi casa cada día a las 8 de la tarde para aplaudir a nuestros profesionales sanitarios que se estaban dejando la piel, su salud e incluso algunos su vida por curar y cuidar a tantos infectados por el maldito coronavirus.

Pero mi admiración por esta profesión viene de muchos años atrás en razón a mi condición de abogado especialista en Derecho sanitario y de la salud. He defendido a cientos de médicos y enfermeras por sus deficientes condiciones de trabajo, su maltrato administrativo, llegando al acoso laboral en algunas ocasiones, y el ninguneo de las instituciones.

He visto a profesionales guiados por un compromiso vocacional perder la ilusión ante la falta de medios o de estímulos profesionales, presionados por unas organizaciones que le exigen cada vez más, pero les dan menos, y ante unos pacientes más demandantes porque les dicen que tenemos la mejor sanidad del mundo.

He comprobado cómo el colectivo médico, que tiene un alto sentido corporativo, es abandonado en muchas ocasiones por esas instituciones que debían tutelarlos y defenderlos dado que fueron creadas con ese fin, pero que terminan convirtiéndose en estructuras para la promoción personal de quienes se perpetúan en sus cargos.

Recuerdo que el primer caso de error médico que llevé hace dos décadas fue precisamente porque un médico me pidió que ayudara a ese paciente. Se trataba de un error burdo, pues varios médicos no se habían percatado de una mancha en una radiografía de tórax. Una revisión varios meses después puso en evidencia el diagnóstico erróneo.

Aquello que parecía que se resolvería fácilmente y por la vía rápida se convirtió en un largo procedimiento administrativo y judicial. Todo un bautismo de fuego para descubrir que el error médico se comenta con la boca pequeña, como una especie de tabú profesional del que se evita hablar en público.

Después de más de 20 años en esta dinámica de trabajo y de unos 1.000 casos judicializados mantengo la misma sensación, y me duele al comprobar que esa actitud ante el error se aleja del horizonte ético de esta profesión. Reconocer el error y pedir sinceras disculpas viene a ser la excepción, no la genérica aplicación de una norma así escrita en su código deontológico.

Son muchos los intereses que dificultan cumplir esa máxima hipocrática de no hacer daño, que no solo es físico sino moral, pues tanto o más dolor produce ocultar el error que causarlo. Y cuando se causa el dolor es menor si el paciente escucha la sincera disculpa de quien abiertamente lo reconoce y explica.

Hay todo un negocio que propicia esa deriva hacia la ocultación del error. Tal es así que se ha llamado en otras latitudes la «industria de la mala praxis» pues, aunque el castigo por el error, entendido como sanción o pena al profesional, es excepcional, no así la indemnización, de la que responden potentes aseguradoras y reaseguradoras.

Más allá de comportamientos personales consecuencia de los valores éticos de cada cual, incluso de una tendencia corporativa a ocultar el error, o a señalar como traidor al que ose revelarlo, hay un entramado de intereses económicos que involucran a las administraciones, a empresas sanitarias y a esas compañías de seguro generalmente contrarias aceptar el error.

Este libro recoge 15 casos de errores médicos reales. Son 15 historias personales de quienes en su día me pidieron que les ayudara no tanto a conseguir una indemnización como a descubrir la verdad. Ocurre porque el error se esconde bajo un velo que proyecta una realidad deformada, como sombras chinescas. Lo que se enseña no es realmente lo sucedido.

Es un homenaje a esos pacientes y a tantos otros en similares situaciones, por todo lo que tuvieron que sufrir y luchar para que se hiciese justicia, aunque no siempre se consiga.

Ellos me han permitido contarlo para que se tome conciencia y quizás su ejemplo sirva para que otra actitud ante el error médico evite que se repitan.

Pero también es un homenaje a tantos buenos médicos que hacen posible con su esfuerzo y tesón que los errores sean menos de los que aboca un sistema sanitario deficitario. Solo un inquebrantable compromiso profesional por la salud y sus pacientes evita mayores desgracias de las que podrían ocurrir.

Otra cosa es que se reconozca cuando se produce un error evitable. Existen médicos honestos que tienen el valor ético de admitir y asumir el error y poner todos los medios para repararlo, moral y también económicamente, pues para eso existen seguros. Otros no, prefieren correr un tupido velo auspiciados por un sistema que los ampara.

Como escribe Alejandro Nieto en su libro *El mundo visto a los 90 años*, «siempre ha habido errores y mentiras. Los primeros se excusaban, las segundas no», añadiendo que «no podemos esperar que nos digan siempre la verdad; pero sí exigir que nos informen honestamente, que no nos mientan». Ese es el camino: informar el error honestamente.

Llámenme iluso. Todavía confío en que la sociedad, más allá de determinados profesionales, se comporte honestamente. Esto es más difícil todavía con el ejemplo de una clase dirigente cada vez de peor nivel que usa y abusa de la mentira, la trampa y la traición, incluso entre compañeros de partido. Con esos referentes sociales el efecto reflejo es casi inevitable.

Tengamos fe en la condición humana, a pesar de esa deriva social hacia valores ajenos a la probidad y la honestidad. En este libro, que son retazos de mi propia experiencia profesional, encontrará algún Doctor Arrowsmith, el protagonista de la novela homónima de Sinclair Lewis, epítome de entrega al paciente y de compromiso con la ciencia. Esa es la esperanza.

1.

LA CHICA DE LA SILLA DE RUEDAS

Me cuesta dormir en los aviones. Apenas logro conciliar el sueño, así que me armo de paciencia cuando me enfrento como hoy a un vuelo de 12 horas. Consumo el tiempo y combato el aburrimiento leyendo no uno, sino varios libros. También escribo, como hago ahora, siempre a mano, con mi pluma y en esos cuadernos de buen papel que voy apilando en el último estante de mi biblioteca a medida que los termino.

Estreno uno ahora, mientras otros duermen en medio de una oscuridad atravesada por la luz de lectura de mi asiento. Y entonces me acuerdo del día que conocí a *P.* Desconocía sus circunstancias, solo sabía que había pedido cita en mi despacho para consultar un posible error médico.

Siempre salgo a recibir a los clientes a la sala de espera. Y allí estaba en su silla de ruedas. Debió escapárseme un gesto de sorpresa, pues no es habitual encontrarme con una persona tan joven en esa situación. Ella me sonrió tímidamente, como para romper el hielo y hacer más natural su presencia en ese estado.

La acompañaba su madre, que agachaba la cabeza como para intentar ocultar un semblante de indisimulada pena. Al verme se levantó, me saludó levemente y se dispuso en actitud de empujar la silla de ruedas de su hija.

Las invité entonces a pasar a mi despacho, hice espacio para acomodar la silla y me senté enfrente de ellas, dispuesto a escuchar lo que parecía un desagradable suceso que había postrado a una joven de esa forma, quizás para siempre.

En ese momento me di cuenta de lo caprichoso que era el destino. Hacía un mes que había decidido abandonar la lucrativa defensa de un médico acusado de poner en una situación similar a su paciente. Sus imposiciones, su dogmatismo y su patológica disposición a no reconocer el más mínimo error me hizo abandonar el timón de esa nave, que navegaba inexorablemente hacia el acantilado de una condena penal y su naufragio profesional.

Un mes después, el destino me había puesto enfrente a la víctima no de un médico desalmado, sino, como luego averigüé, de una concatenación de errores médicos menores que, como esas fichas de dominó que van cayendo por un leve empujón a la primera, terminó postrando a *P.* en una silla de ruedas.

Cuando abordo por primera vez un caso de estos, cojo mi bloc de notas donde escribo el relato que quieran contarme, que generalmente empieza por un problema de salud mal resuelto o inevitablemente perjudicial para sus expectativas laborales.

P. empezó a contarme que estuvo varios meses acudiendo periódicamente al médico por un dolor en la pantorrilla que no cedía con ninguno de los tratamientos que le daban. Un dolor que iba y venía cada vez con mayor frecuencia hasta el punto de impedirle andar con normalidad si se trataba de una caminata de cierta duración, claudicando en cada nueva ocasión antes que la anterior.

Durante un mes de agosto cada semana acudía a su centro de salud, sin que ninguno de los profesionales que le atendían decidiera remitirla al hospital para realizar un estudio más completo a cargo de médicos especialistas en esos problemas.

Cuando por fin, de vuelta a su ciudad de residencia tras las vacaciones, acudió a una cita programada en su hospital, el traumatólogo que antes del verano ya le había visto, esta vez, quizás porque el síntoma se había hecho más evidente, reparó en que la pierna estaba sin pulso, por lo que procedió a su ingreso urgente para realizarle una serie de pruebas que evidenciaron un trombo en una arteria que provocaba una peligrosa isquemia.

Se intentó salvar la pierna, pero no fue posible. Los procedimientos vasculares, tanto médicos como quirúrgicos, fracasaron, y ya no quedó otra opción que amputar. La explicación que le dieron es que padecía una extraña enfermedad que le había provocado una progresiva isquemia, y que tenía que vigilarse para evitar que volviera a ocurrir.

P. me lo contaba con seriedad, pero sin dramatismo, como si lo sucedido ocurriera mucho tiempo atrás, tanto como para asimilarlo con cierta naturalidad, pero sin ocultar un tono de reproche hacia lo que consideraba una banalización de sus síntomas por esos médicos a los que tantas veces había acudido.

No así su madre, que sentada a su lado, en un momento del relato, al que asistía silenciosa, rompió a llorar. En ese momento *P.* le cogió la mano y la miró con ternura, transmitiendo una entereza impropia de quien, tan joven, ha pasado lo que ella.

Quizás no sabía que los padres sufrimos más por las desgracias de nuestros hijos que por las propias, hasta el punto de sacrificar nuestro brazo derecho si fuese necesario para salvar el de ellos.

En ese momento tuve que intervenir. Cogí un pañuelo de papel que ofrecí a esa madre descompuesta al revivir por boca de su hija lo sucedido en los últimos meses. Le dije que entendía su dolor, pero que tenía que sacar fuerzas de flaqueza porque ahora la necesitaba para aprender a andar de nuevo.

Me miró entonces con una recobrada entereza como si el comentario la retase a demostrarme su disposición. Me contó que era viuda, que *P.* era su única hija, que había tenido que luchar ella sola para sacarla adelante, para darle unos estudios y ahora, cuando estaba a punto de licenciarse, esta enfermedad mal resuelta había sido un golpe terrible para ellas.

En esos momentos intento actuar más como psicólogo que como abogado. Hago que vean el vaso medio lleno en lugar de medio vacío, y les dije que afortunadamente *P.* estaba recuperándose y que saldría adelante, porque es joven y con muchas ganas de vivir, de adaptarse rápido a su limitación, que no debía impedirle alcanzar profesionalmente las cotas que se propusiese.

Pero sé también que en la puerta de mi despacho pone «abogado», y ellas acudieron a mí no para que les insuflase ánimos, sino para solucionar sus dudas sobre si lo que les pasó podría haberse evitado y si, en este caso, cabía una reclamación por la responsabilidad de esos médicos que confundieron un problema vascular con otro que no lo era.

Es entonces cuando les pido los informes, pues una cosa es lo que ellas hayan vivido y otra muy distinta cómo lo hayan escrito en la historia clínica los médicos. Siempre hay piezas que no coinciden, relatos que no encajan del todo, en un rompecabezas que inicialmente se presenta incompleto.

Ojeo esos documentos, veo que faltan algunos que solicito. Y, cuando ya tuve todo, pude comprobar que la causa del problema era que un médico quiso ver la habitación entera a través del ojo de una cerradura. Vio una úlcera en un pie, que fue lo que trató, pero no vio que no era un problema en sí mismo, sino uno de los signos de otro mucho mayor.

Cuando traslado esa conclusión a los clientes, previamente contrastada con otros médicos, la persona víctima de un error suele reaccionar de dos maneras: con alivio («no fue culpa mía») y con indignación («lo mío podría haberse evitado»). *P.* reaccionó como si ya lo supiese, como si su cuerpo le fuera susurrando que algo no iba bien y que era un mal augurio.

Nos pusimos a trabajar en la reclamación contra un gran hospital concertado con el servicio público de salud, y por eso iba a nombrarse un inspector médico para instruir el procedimiento de responsabilidad patrimonial. No se piensen que uno se encontrará una persona independiente, imparcial y ecuánime. La Administración es juez y parte, y actúa más como lo segundo que como lo primero.

Así ocurrió. La instructora del expediente cerró el procedimiento por la vía rápida para concluir que lo que había pasado era sólo la consecuencia de una enfermedad rara, excepcional, que no pudo diagnosticarse antes porque los síntomas eran equívocos.

Cuando eso ocurre, cuando la intransigencia es la actitud y la falta de autocrítica la respuesta, uno ya solo puede esperar que un juez lo vea de otra manera. Y a esa esperanza nos encomendamos, en la confianza de que el caso se viese con otros ojos. Tampoco los de un hombre conmovido por esa desgracia, pues la compasión puede conducir a la injusticia, sino con la mirada escrutadora de quien va a analizar todas las pruebas con ecuanimidad.

Durante las dos sesiones del juicio pasaron por el juzgado múltiples testigos y peritos, cada cual contando su versión, los unos con la naturalidad de quien van a decir su verdad (la suya, para no incumplir el juramento), y los otros, profesionales de la pericia, con un discurso preparado de antemano, tantas veces bajo las directrices de grandes gabinetes a los que obedientemente pertenecen.

Tras la primera sesión del juicio *P.* me preguntó como creía que iba el caso. Le contesté que, si esto fuera un combate de boxeo, y algo tiene de eso aunque los golpes duelan de otra forma, íbamos ganando a los puntos. Ella me miró complacida, aunque por mi gesto sabía que nada estaba ganado todavía y que quedaba el segundo asalto.

P. quiso estar presente. Declaraba el médico que durante varias consultas no había sido capaz de advertir la gravedad del problema. Ella estaba prevenida de que iba a ser duro escuchar las mentiras revestidas de una supuesta verdad científica, habitual en estos casos cuando los que juzgan desconocen el argot médico, pero que tenía que estarse callada y aguantar el tipo.

A pesar de mi advertencia, y ante una de las respuestas del testigo a mis preguntas, *P.* dijo en voz alta: «¡Eso no es cierto!» El juez le reconvino diciéndole que si volvía a hablar le echaría de la sala. Yo la mire y con un inequívoco gesto le hice ver que mantuviese silencio. Era un ruego más que una imposición porque sabía del dolor que aquellas palabras le estaban causando.

Luego por un momento, cuando de reojo la miré, la vi llorando con disimulo, tapando sus lágrimas muy discretamente con un pañuelo. Era evidente que no quería llamar la atención, pero tampoco reprimir estoicamente su dolor ante lo que estaba reviviendo.

Aunque mi impresión tras las dos sesiones del juicio era buena, no tardamos en recibir el jarro de agua fría de una sentencia que no nos daba la razón, con argumentos contradictorios que me provocaban más desazón.

Un fallo desfavorable siempre es un motivo para la decepción, pero si luego leemos detenidamente la sentencia podemos quedar convencidos de que realmente no la teníamos, o lo contrario, que aquello no tiene sentido y ahí encuentras los motivos para recurrirla, que fue lo que propuse.

P. tenía dudas pues la economía familiar ya estaba comprometida por su situación personal. Yo la animé no solo con un argumento económico («no te voy a cobrar más por el recurso»), sino especialmente con otro que tiene ver con algo que es marca de la casa, la fe en el Derecho.

Ante su mirada dubitativa le expliqué: «*P.*, Derecho y Justicia no son lo mismo. Para impartir Justicia hay que aplicar el Derecho, y en mis manos está en demostrar que el Derecho y los hechos están de nuestra parte. Yo lo sé y por eso tengo fe. Solo necesito que tú también la tengas».

Tras pensarlo un breve instante me contestó: «¿Pero tú tienes fe en la Justicia, crees que los jueces van a darnos la razón tras esta primera sentencia desastrosa?» La miré con cierta resignación y levantando las palmas de mis manos como si me apuntase con un arma inofensiva le dije: «*P.*, me he llevado muchas decepciones en mi vida profesional, pero el día que pierda la fe en ser escuchado y entendido por los jueces, colgaré mi toga».

En las semanas siguientes dediqué muchas horas a preparar el recurso de apelación, incluso en fines de semana. Tras terminarlo y releerlo muchas veces me convencí de que ero lo mejor que podría presentar, aunque siempre te queda la duda de ser lo suficientemente claro. Luego vendrían las impugnaciones del recurso y el expediente sería enviado al Tribunal Superior.

Pasaron varios meses. Era un viernes por la tarde víspera del fin de semana de Nochebuena y Navidad. Yo estaba solo en el despacho recogiendo mi mesa y ordenando esos papeles que tantas veces nos invaden como un alud difícil de contener. Tan pendiente estaba de esa tarea que no había revisado mi cuenta de correo electrónico.

Me dirigí un momento a la recepción donde se depositan las notificaciones en una bandeja antes de ser revisadas. Y me percaté que había una sentencia. Me pareció extraño porque siempre las veo primero en el correo electrónico. Comprobé con asombro que era la sentencia de *P.* No me la esperaba tan pronto.

Eran muchas páginas y pasándolas a toda velocidad me dirigí al fallo donde pude leer que estimaban el recurso, condenando al hospital y al servicio de salud a una cuantiosa indemnización. No era todo lo que había pedido, pero me estremeció. Me senté con la calma que pude para leerla al completo con más emoción incluso que satisfacción.

Acto seguido llamé a *P.* para darle la noticia que como un regalo de Navidad nos había llegado. La cogí desconcertada, como que no daba crédito, pero tampoco se puso a gritar de alegría como a quien le dicen que le ha tocado el premio gordo de la lotería. Reaccionó con mucha entereza y sus preguntas fueron muy cabales.

Aclaré sus dudas y quedamos emplazados en vernos la semana siguiente. Mientras tanto cogí mi cartera para volver a casa. Las luces navideñas y el ambiente festivo cobraban para mí un nuevo sentido. Posiblemente una sonrisa de satisfacción se dibujaba en mi cara mientras recordaba la primera vez que vi a *P.* tres años antes. Aquella chica de la silla de ruedas era ahora una joven profesional que caminaba sobre su prótesis con seguridad, pero sobre todo con la convicción de que lo que le había pasado podría haberse evitado, reforzada ahora por esta nueva sentencia.

Ojalá ese médico que provocó su airada reacción y llanto durante el juicio nunca vuelva a equivocarse de ese modo. Una medicina masificada puede propiciar el error en una primera consulta, pero cuando en las sucesivas no te replanteas el diagnóstico confiado a una impresión inicial, puedes hacer mucho daño, incumpliendo el primer mandato de todo médico que es precisamente no hacerlo. No hizo un diagnóstico diferencial por exclusión de otras posibles enfermedades que pudiesen presentarse bajo un cuadro clínico semejante, y ahí se equivocó.

Mientras tanto, sigo en mi vuelo, rodeado de pasajeros durmientes y otros insomnes pegados a las pantallas de su asiento, a vueltas con mis libros y mi cuaderno. Yo me veo como un pasajero de otro tiempo, no sé los demás, qué más da.

2.
LA OPERACIÓN ERA OTRA

Aunque estaba algo cansado después de un viaje de tantas horas, me puse a trabajar, pero enseguida claudiqué. No porque me fallasen las fuerzas, sino porque fallaba la wi-fi del hotel. El ordenador iba a cámara lenta y no quería que me pasase como aquella vez que estropeé mi portátil por darle un golpe de desesperación ante una situación similar.

Cogí mi cuaderno ajeno a estos avatares técnicos y me puse a escribir. Me acordaba de *D.* como si fuera hoy. Mi primera imagen fue la de un joven en la treintena, nervioso e incluso algo sudoroso, que no sabía muy bien cómo empezar a contarme su problema. Yo le dije que fuera al principio y sin prisa me diera su relato de lo sucedido.

Me cuenta entonces algo acelerado que tenía que operarse de fimosis, una intervención sencilla llamada circuncisión. Había acudido al urólogo, que le había explicado en qué consistía, dándole a firmar un documento de consentimiento informado donde se detallaba por escrito todo aquello.

Unos días después fue al hospital, nadie le preguntó sobre su intervención y con anestesia local y algo de sedación el urólogo procedió a operarlo. Tras esperar a que se le pasase el efecto y después de indicarle que todo había salido perfecto le entregaron un sobre cerrado con unos documentos.

Llegó a su casa, se sentó a descansar y aprovechó para ver aquellos documentos. Al leerlos dio un respingo, todavía dolorido en esa delicada zona, porque ponía que le habían hecho una vasectomía, es decir, una esterilización. Acude presto al cuarto de baño y con horror pudo comprobar que su pene seguía igual que antes, aunque ahora tenía un aparatoso vendaje en las ingles.

Asustado lo comenta con su mujer decidiendo que al día siguiente irían juntos a primera hora a ver al médico. El doctor al enterarse de lo ocurrido se echó las manos a la cabeza pidiendo perdón reiteradamente y ofreciéndose a operarlo de nuevo para intentar revertir la vasectomía. El decidió pensárselo, pues tenía miedo de volver a entrar en quirófano.

Mientras escuchaba ese relato abracadabrante yo mantenía la compostura, pues aunque el suceso tenía su parte cómica, a *D.* no le hacía ninguna gracia. En estos casos tienes que ser empático, ponerte en la piel del otro para tratar de experimentar sus propios sentimientos. Le conté que esos errores burdos a veces por desgracia ocurren, recordando el caso de una paciente que, programada para operar un lagrimal, finalmente le habían quitado el cristalino pensando que lo suyo era una catarata.

Ante un error tan clamoroso —y lo que parecía un sincero arrepentimiento— aconsejé a *D.* enviarle al urólogo una reclamación con intención de alcanzar un acuerdo con su compañía de seguros y zanjar el asunto de una forma rápida, amistosa y satisfactoria para ambas partes. Pero entonces, como si cayese un telón de acero, dejamos de tener noticias de nuestro compungido doctor, que parecía que había metido la cabeza debajo del ala.

Estoy convencido de que al recibir la carta acudió a su aseguradora, quien con una estrategia que he comprobado que es habitual, adopta un silencio cómplice para agotar la paciencia de los perjudicados, obligándoles a pleitear, con lo que algunos terminan desistiendo, para luego, con aquellos más insistentes, enfrentarlos a una legión de abogados y peritos aleccionados para la defensa a ultranza de cualquier reclamación, por muy bien fundamentada que esté.

Sin embargo, este asunto contaba con un elemento diferencial, que era la trascendencia penal del error. Por eso, ante esa actitud silente, aconsejé a *D.* presentar una denuncia, no tanto con la intención de conseguir una condena, sino porque ante el miedo a esa posibilidad se aviniesen a negociar.

Pero ni así. El gran problema de determinadas compañías de seguro es que anteponen sus intereses económicos a esos otros intereses, más elevados, de sus asegurados, que por esa actitud egoísta se ven arrastrados a un procedimiento largo en el que pueden terminar sufriendo la llamada «pena de banquillo» o «del telediario», por la exposición pública que genera estos juicios y por el daño reputacional que les reporta.

Por más que ofrecimos en varias ocasiones un acuerdo económico pactando una condena penal simbólica para eludir la inhabilitación profesional del doctor, todos los intentos fueron baldíos, obteniendo siempre como respuesta la misma ridícula cantidad.

Cuando ya estábamos en el día del juicio esperando para entrar en la sala de vistas se acerca el abogado de la aseguradora, que ofrece casi el doble de dinero previamente ofertado. Le contesté que no me parecía el lugar ni el momento oportuno, pues tiempo tuvo para haberlo hecho sin esas premuras. Aun así, hice un aparte con el cliente a quien comenté la oferta decidiendo hacer una contraoferta que fue rechazada.

Lo que ocurrió después fue la crónica de una «muerte» profesional anunciada. El médico zozobró a las primeras preguntas del fiscal, dejando en evidencia sus propias contradicciones en un relato que se notaba que no era coherente ni sincero, sino la burda versión pergeñada por su defensa, que era la misma que la de su aseguradora.

Con el camino allanado, mi intervención no fue más que el remache a una condena inevitable. Y así ocurrió con una sentencia que le imponía un año de prisión y seis meses de inhabilitación profesional. La condena civil, que luego fue incrementada por la Audiencia Provincial, se aproximó mucho a la que había sido contraofertada.

Toda sentencia favorable a los intereses de tu cliente es una satisfacción, pero aquella me produjo un regusto amargo. Aquel médico que espontáneamente había pedido perdón y que se le notaba arrepentido fue una doble víctima. Víctima no sólo de su propio error, pues aunque el daño principal lo sufre su paciente, siente ese remordimiento en su conciencia por causar un daño evitable, sino también víctima de su compañía de seguros, que para ahorrarse un dinero que luego no se ahorró, sacrificó a su asegurado, que podía haber obtenido una condena de conformidad que no le reportase más que una multa de modesta cuantía.

El caso no quedó ahí; teníamos dos víctimas, mi cliente y su doctor, pero había una tercera... la esposa de *D.* Ella no sólo había sufrido por su marido, sino que ante la esterilización irreversible —pues los intentos de reversión de la vasectomía fracasaron—, si quisiera quedarse embarazada de nuevo tendría que someterse a técnicas de fecundación asistida, aprovechando el esperma que se había congelado tras la primera intervención.

Iniciamos un nuevo procedimiento para obtener un pronunciamiento que indemnizase ese daño y compensara las costosas técnicas que la sanidad pública no cubre en estos casos.

Aquello fue como volver a empezar, a replantear todo el caso ante otra jurisdicción para obtener ese legítimo resarcimiento.

Y la historia se repitió. La intransigencia aquí fue del servicio público de salud, que negaba que hubiese tal daño y que, de haberlo, debería haberse reclamado en el proceso anterior. Finalmente nos dieron la razón y después de cuatro años pleiteando se pudo poner fin a esta rocambolesca historia.

Qué fácil hubiese sido todo si ante tan evidente error los implicados se sentasen a hablar tranquilamente sin las imposturas propia del mundo judicial, que como un teatro de vanidades ofrece en ocasiones histriónicas actuaciones que maximizan los intereses propios ignorando aquellos que pueden ser comunes. ¿O no lo era evitar una sentencia que condenase a un doctor y tardase tanto tiempo en indemnizar a su paciente?

Pensarán que al final los que ganan son los propios abogados y peritos para los cuales tanto el Derecho como la Medicina son maleables. No les falta razón, aunque créanme que en la medida de lo posible intento evitar el litigio. Pero existe una lucrativa industria de la mala praxis médica formada por unas aseguradoras que cobran primas muy onerosas; por unos abogados que, parapetados tras presuntas asociaciones benefactoras de los pacientes, convierten esa experiencia en su propia especialización con la que se publicitan; y por unos gabinetes periciales que redactan a conveniencia de las compañías de seguros con las que habitualmente trabajan informes periciales a su medida.

Hace muchos años —como que fue en el siglo pasado— organice un sistema de conciliación, mediación y arbitraje para fomentar el diálogo y la negociación extrajudicial en estos casos. Aquello fracasó por la falta de complicidad de la Administración y de la principal aseguradora.

La primera se refugió en un formalismo legal perfectamente soslayable. Y sobre la actitud de la segunda cuento una anécdota que lo explica muy bien. Tras una comida donde se habló de ese tema, ya saliendo del restaurante uno de sus directores se me acercó, me puso su mano en el hombro y casi susurrándome al oído con una voz que me recordaba a Marlon Brando en *El Padrino* me preguntó: «¿tú con quien estás?»; y sin esperar mi respuesta me dijo: «nuestra aseguradora jamás se sentará ahí, el que quiera reclamar que reclame».

Y así estamos veinte años después. Mientras lo recuerdo, decido tumbarme un rato a ver si se me pasa el *jet lag*.

3.

LA HERIDA QUE IMPIDE VER EL HEMATOMA

Estoy en un *box* de urgencias mientras cojo la mano de mi madre, postrada en una camilla y todavía confusa por el golpe que se propinó en la sien tras una aparatosa caída en el cuarto de baño. De repente aparece la médico por la que estaba esperando —la cual no se presenta— y rápidamente me cuenta sin afectación, como quitándole hierro al asunto, que ha aparecido un pequeño hematoma en el *scanner* y tiene que quedar ingresada en planta de neurocirugía, que el especialista de guardia me informará, pero que tranquilo, que como no toma anticoagulantes ni antiagregantes no hay motivo de preocupación.

Así que, sin dar tiempo a mis preguntas, desaparece excusándose, no sin antes recordarme que no debo estar allí.

Miro a mi madre con gesto de tranquilidad, aunque no la tenía, y me despido de ella con un beso, esperando a que tramiten el ingreso. Y mientras camino lentamente, siguiendo la línea azul que sobre el suelo me conduce a la salida entre camillas aparcadas con pacientes sin un *box* donde guardar su intimidad, me apena esa falta de empatía que en ocasiones confunde profesionalidad con frialdad.

No siempre es así, pero cada vez son más los testimonios que confirman esa impresión acerca de la dificultad que encuentran los médicos para empatizar, como que no hacerlo les protege frente al dolor ajeno. Algunos cuando explican una intervención parece que están dando lectura a un formulario, como esos anuncios de medicamentos de voz apresurada, prestando más atención a la enfermedad que al enfermo, como si el mal se expresara en un tratado de medicina y no en un cuerpo doliente.

Afortunadamente, y sin acudir a Google, sabía las consecuencias de tomar anticoagulantes, sobre todo si una persona mayor sufre un traumatismo craneoencefálico. Los efectos hemorrágicos puedes ser catastróficos. Pero aun sin ese medicamento yo sabía que el pequeño hematoma no era cuestión menor y las siguientes 24 horas iban a ser claves en la evolución de mi madre, de ahí mi preocupación.

Y lo sabía porque había defendido años antes el caso de un paciente de edad senil que también había sufrido un pequeño golpe en la cabeza. El problema era que estaba a tratamiento con anticoagulantes y antiagregantes plaquetarios, habituales en un paciente cardiópata.

La médico residente que le atendió en el centro de salud le mandó para casa con una tirita. Al cabo de 48 horas el anciano se desvaneció en su dormitorio, inconsciente, teniendo que ser evacuado en ambulancia a un hospital. Su estancia fue corta, falleciendo pocos días después por un hematoma cerebral extenso provocado por el golpe, pero expansionado por la medicación que estaba tomando. Su familia no pudo despedirse de él porque tan grave estaba que no recobró la consciencia.

Aquella familia acudió al cabo de unas semanas a mi despacho. Estaban muy disgustados por lo que consideran una muerte evitable y sin ningún tipo de explicación, ya no disculpa. Tras estudiar el caso les informé que un paciente con esa medicación si sufre un golpe en la cabeza tiene que ser valorado de inmediato con un *scanner* para verificar si hay un sangrado interno, suspender la medicación, dar un antídoto para revertir el efecto anticoagulante y mantener en observación al menos 24 horas para luego repetir la misma prueba de imagen.

Como nada de eso se hizo presentamos al cabo de un tiempo una reclamación ante el servicio público de salud, que fue desestimada con argumentos pueriles, al margen de cualquier protocolo médico, como dando a entender que esa asistencia especializada que todo paciente precisa, a esa edad era prescindible porque un golpe en la cabeza pude ser mortal de necesidad.

Pero lo más llamativo de esta historia vino después. Presentamos demanda con un dictamen pericial de un prestigioso especialista en medicina legal y forense, en el cual se citaban protocolos médicos que recomendaban aquello que, precisamente, no se hizo con el paciente. La evidencia científica era clara y no admitía discusión. Sin embargo, la hubo.

Se celebró el juicio donde declararon como testigos tres doctores, uno de ellos la MIR (médico interno residente) que había atendido al paciente en el centro de salud. Era una joven mediada la veintena, quien sentada en aquella sala de vistas, impertérrita, con la mirada fija y sin esbozar expresión alguna, respondía mecánicamente a las preguntas, como si estuviera ante un tribunal de oposiciones y tuviese la lección bien aprendida.

Estaba dispuesta a defender su actuación ante cualquier cuestionamiento externo. En su fuero interno es posible que supiese que cometió un error, más comprensible teniendo presente su escasa experiencia y formación incompleta. Pero no, no iba a reconocerlo. Quizás tenía grabadas en su mente las palabras de algún profesor del primer curso de la facultad que le había dicho a los alumnos que ellos eran la flor y nata, los mejores expedientes académicos que la universidad acogía para ser los escogidos herederos de Hipócrates. Y esa arenga imprime un halo de superioridad científica y también moral que impide asumir esa máxima clásica de que «errar es humano», pero más humano es reconocerlo.

Con ese discurso autoexculpatorio y con esa actitud sin remordimiento —o eso aparentaba— estaba olvidando la dimensión dual del mandato de Hipócrates *primun non nocere* (lo primero es no hacer daño), que vale tanto para un médico como para cualquier persona, y que debemos entender no tanto como no hacer daño, sino como no ahondar en la herida omitiendo la necesaria disculpa. A esa doctora recomendaría encarecidamente la lectura de las memorias del neurocirujano inglés Henry Marsh, que toma como título esa admonición hipocrática, para asumir otra forma de relacionarse con los pacientes menos distante, tecnificada y fría y más humana, fraterna y cálida, pues una adecuada alianza terapéutica se cimenta en una relación sin subordinaciones, franca y directa.

No quiero con esto decir que la novel doctora quisiera hacer daño al paciente con su fugaz e irreflexiva atención. Se equivocó porque debía estar más atenta a los antecedentes del paciente, revisar su historia clínica y comentar el caso con el médico que supervisaba su formación en aquel momento.

Cuando Hipócrates se refería a no hacer daño, en una concepción moderna de esa máxima, entiendo que no es solo que el acto médico sea prudente y proporcionado evitando causar más daño que aquel que ya la enfermedad provoca, sino que el fracaso del tratamiento por una mala decisión médica se reconozca, evitando ese otro daño, de tipo moral, equivalente al que sufrimos cuando un amigo tras agraviarnos no se disculpa.

Cuántos desencuentros cotidianos, como cuando tropezamos con alguien a la salida del metro, van acompañadas de un «disculpe» o «lo siento», que evita que el encontronazo vaya a más. Cuántas pequeñas discusiones de tráfico se saldan amigablemente reconociendo uno de los conductores su error, pidiendo perdón e interesándose por la salud del otro.

Pero pocas veces esa actitud se puede ver en el ámbito sanitario. Y qué fácil sería desjudicializar el error médico si el facultativo que se equivoca llevase a la práctica el juramento hipocrático, pues también se incumple cuando no se reconoce el error, no se pide perdón y no se asumen las consecuencias.

Porque cuando algo falla, bien porque no se hizo lo que se debía, bien porque se omitió lo que procedía, la actitud debe ser de proximidad, no de huida. Lo contaba en un artículo de opinión a raíz del garrafal error de una sanitaria que puso la medicación a un recién nacido en lugar de a su madre, matándolo. Tomaba como referencia un capítulo de la serie americana *Anatomía de Grey* a propósito del error cometido por uno de sus protagonistas, el jefe de neurocirugía:

> Esos condicionantes provocan que cometa un burdo error que causa una lesión al paciente, que se oculta para evitar el estigma en su inmaculada trayectoria profesional. Es la metáfora de una realidad social que encumbra a la medicina como una profesión de hombres que juegan a ser dioses, cuando en realidad es una ciencia falible precisamente por estar en manos humanas. El complejo de culpa puede más que la vanidad profesional y el jefe renuncia a su rol de gestor en una escena en la que invoca en público y a mano alzada el juramento hipocrático.
>
> El relevo generacional nos ofrece otra forma de entender la medicina, en línea con la «nueva ética» que postulaba Popper en un ensayo publicado en los años ochenta. El nuevo y joven mandamás, reputado neurocirujano, también comete un error, y tras un momento de vacilación acude a la habitación del paciente y sentado al borde de su cama le pide perdón. Hoy en día empieza a calar esa conciencia profesional e incluso la comunicación de efectos adversos se concibe en la medicina anglosajona más como un deber legal que como un imperativo ético.

Una medicina más humana y menos arrogante, más compasiva a la par que científica, eso significa también no hacer daño. Aquella familia quería una disculpa y no la recibió. Finalmente tuvo una sentencia judicial que le daba la razón. Habló la Justicia, calló el mundo.

Han pasado varias horas desde el ingreso de mi madre y el neurocirujano me explica que tiene que ser operada. Me pide autorización tras una breve disertación sobre lo que tiene que hacer. Le hago una pregunta que me contesta vagamente. Pido unas horas para recabar una segunda opinión, lo que le contraría zanjando la conversación rápidamente. Llamo a un neurocirujano amigo que me confirma la necesidad de operar sin mucha demora, pero aclara mejor mis dudas. Participo mi decisión al equipo médico y me hacen firmar sin ninguna otra explicación los formularios de consentimiento informado que me ponen delante. No los leo, ya sabía lo que tenía que saber. Luego todo salió bien, afortunadamente.

4.

¿QUIÉN DECIDE CÓMO SE OPERA?

Pero la historia clínica en sus recovecos menos accesibles desmentía esa categorización del consentimiento informado que se quiere hacer valer como una patente de corso, como si la firma al pie de un documento, que casi parece el prospecto de un medicamento, fuese la plena autorización para hacer y deshacer sin más límites que la voluntad del cirujano amparada por esa firma.

Exhortado internamente por ese consejo periodístico que el gran reportero Robert Caro recibió de su editor («lee cada página, lee cada maldita página, no des nada por supuesto»), pude comprobar en dos escuetas anotaciones de las enfermeras que a mi cliente le iban a operar por VATS. A veces las hojas de cuidados de enfermería nos dan una información mucho más fiel de la realidad asistencial que las someras anotaciones de los cirujanos, más pensadas para ellos mismos.

Llegado el día del juicio e interpelada la jefa del servicio de porqué el cambio de intervención, a pesar de que no aparentaba tener más de 50 años me demostró cuán arraigado está todavía el anacrónico paternalismo médico al decir: «la técnica de la intervención la decide el cirujano»; y para que el comentario no pasara desapercibido llena de razón ante mi insistencia añadió: «¿qué quién decide el abordaje quirúrgico? Pues hombre, nosotros, los cirujanos».

En mi fuero interno sentía satisfacción porque sabía que esa respuesta era la puerta abierta para una sentencia que me daría la razón, como así fue, pero también lástima porque todavía se tomasen decisiones en medicina bajo aquel criterio antiguo de «todo por el paciente, pero sin el paciente».

Atus Gawande, un cirujano norteamericano autor de un libro de elocuente título (*Complicaciones. Confesiones de un cirujano sobre una ciencia imperfecta*), nos recuerda que «un médico tiene incluso una responsabilidad mayor: servir de guía y actuar como confidente informado».

Cierto que en la medicina socializada propia de nuestro Sistema Nacional de Salud, que representa la universalización de aquella antigua medicina de beneficiencia, y que es uno de los pilares de nuestro Estado de Bienestar, no facilita esas concesiones a una medicina individualizada y pausada, con suficiente tiempo al médico para explicar con detenimiento y sobre todo con calma.

Más bien todo lo contrario: una medicina burocratizada y esclerotizada que piensa más en el número que en la persona, en la cantidad que en la calidad, como si se confundiera lo uno con lo otro. El médico también es víctima de esa medicina «gratis total» que como contrapartida tiene que ofrecer salarios bajos y una masificación de las consultas que desincentiva comportamientos más personales y directos.

No es el mejor escenario para cumplir lo que la ley manda y antes la bioética enseñaba: que son los pacientes quienes toman sus propias decisiones y no los médicos por ellos.

Tampoco consiste en abandonar al paciente en esa encrucijada vital que supone escoger su tratamiento entre varias opciones, sino que haya un dialogo donde el médico no puede quedarse impasible ante una mala decisión del paciente, ni este abandonarse ignorante al criterio médico sugerido.

Las decisiones en medicina se toman alrededor de una mesa, hablando en el momento más adecuado, pues el paciente puede estar agotado, confuso o abatido, y el médico acuciado en un ambiente hospitalario que se vuelve estresante. La autonomía es el fin, pero no se alcanza si no media entre dos coordenadas básicas: competencia y amabilidad.

Ambas faltaron en el caso de *R.*; no hubo respeto a su autonomía a pesar de que hubiera un documento de consentimiento informado firmado por él.

¿Cuánto dolor era físico y cuánto psíquico? ¿Cuánto estaba en su costado y cuánto en su cabeza? Estoy convencido que una parte procedía de ese maltrato que se le dio, de la privación de la libertad de elegir y de la razonable duda de que con otra intervención el resultado sería distinto.

Mientras tanto el médico hubrista sigue en ejercicio. Otros pacientes sufrirán su ego. Esa es la peor conclusión: que el sistema en ocasiones ampara a los incompetentes y en otras expulsa a los competentes que buscan trabajar con mejores condiciones en otras organizaciones o, peor todavía, los termina trasformando en conformistas y resignados funcionarios.

Hay un rasgo característico del comportamiento social de los españoles, que es esa molesta costumbre, al menos para mí, de hablar a gritos. Puede suceder acodados en la barra de un bar, saludando a un vecino de una acera a otra o vociferando con el teléfono en mano como si así se solventasen los problemas de cobertura.

Recuerdo unas vacaciones en Canarias reservadas con antelación, transcurriendo los desayunos en el *bufet* libre con un nivel sonoro comedido y con ese orden escandinavo en el tránsito hacia los mostradores de comida que denotaba la nacionalidad de la mayoría de los huéspedes. Hasta que, coincidiendo con el inicio de las fiestas propiamente vacacionales, de repente el comedor se llenó de una descontrolada algarabía que asaltaba los mostradores en tropel y elevaba considerablemente el ruido ambiental. Ya han llegado al hotel nuestros compatriotas, pensé.

Optamos la familia por adelantar una hora nuestro despertar para volver a coincidir con otros huéspedes más madrugadores y silenciosos.

Es nuestro carácter latino en su versión más sonora, pues aunque en su gestualidad italianos y griegos son más expresivos para acentuar lo que dicen, como contraposición a las formas más suaves de franceses o suizos, los españoles vociferamos nuestro idioma, en sus diversos acentos regionales, quizás por esa costumbre patria de simultanear varias conversaciones al unísono en un mismo grupo de personas.

Sin embargo, *A.* ya jamás podría expresar ese rasgo de nuestro carácter. Un cáncer de garganta obligó a extirpar su laringe solo dos meses después de diagnosticárselo. Era la consecuencia del antiguo vicio de fumar, pero también de un error médico.

Acudió a mi consulta acompañado por una amiga que hizo de intérprete. Pero tuvo el detalle de escribirme previamente un relato de sus idas y venidas al médico cuando los primeros síntomas, en particular una tos rebelde, empezaron a aflorar.

Su condición de fumador agilizó la consulta con el otorrino quien le pidió un TAC. Era un especialista joven, recién titulado, que había sido destinado a un hospital comarcal donde era el único de su especialidad.

El informe del radiólogo aludió a una formación sospechosa en la comisura anterior. Pero este otorrino decidió hacer una biopsia en otro sitio, tomando muestras que al ser analizadas no descubrieron nada anómalo.

A. seguía mal. Su voz era más afónica. Este otorrino, quizás intuyendo lo peor, pero sin querer implicarse más, decidió remitirlo al hospital de referencia donde se repitió todo el proceso: nuevo TAC y biopsia, esta vez en la zona adecuada. Diagnóstico: un carcinoma de laringe avanzado para cuya solución solo quedaba extirparla. Perdería la voz para siempre, con el riesgo de posibles metástasis en el futuro.

Consultó con otros especialistas, pero el diagnóstico y el pronóstico no cambiaron. Si se hubiera cogido a tiempo, quizás seis meses antes, podría beneficiarse de otras técnicas de microcirugía o laser que le permitieran preservar la voz.

A. era viudo y tenía un hijo de corta edad. Su sufrimiento no era por no poder gritar como cualquier español en una fiesta, o simplemente susurrar un te quiero a su hijo. Sufría por el miedo a que ese retraso en el tratamiento, aun con cirugía radical, no impidiese que recayera en el futuro, dejando a su hijo solo en este mundo.

Quería conocer mi opinión del caso, de la posibilidad de recibir una indemnización que permitiera dejar al niño un confort económico que sin su padre no tendría.

Le expliqué que estudiaría su historia clínica con detalle y probablemente luego solicitaría un informe pericial a un otorrino que determinara las reales posibilidades de un diagnóstico precoz y, sobre todo, de un tratamiento menos radical.

No fue fácil encontrarlo, pero la vida tiene reservadas coincidencias curiosas. Me hablaron de un otorrino experto, pero todavía joven, muy bien considerado entre sus colegas, especialista, precisamente, en ese tipo de tumores. Me dijeron que además era de mi misma ciudad, aunque trabajaba desde hace años en otra provincia. Su apellido me puso sobre la pista de quién podría tratarse y descubrí con la ayuda de internet que era el hermano pequeño de un compañero del colegio. Recordaba perfectamente a aquel adolescente algo tímido pero muy estudioso, un prodigio académico al que ya entonces se auguraba un espléndido porvenir.

Contacté con él, le hice ver la coincidencia, y ese recuerdo de juventud consiguió que la comunicación entre nosotros fuese más fluida. Con mucha prevención estudió el caso, porque además era la primera vez que le planteaban un encargo de ese tipo.

Luego de unos días me dio su veredicto. Se había biopsiado mal porque el primer TAC evidenciada una lesión muy sospechosa en otra zona y dada la histología del tumor lo más probable es que ya estuviese presente en la primera ocasión. Consideraba que *A.* había sido víctima de un sistema sanitario que permite que un joven titulado atender solo una consulta en un pequeño hospital comarcal. Entendía que en un gran hospital se hubiera llevado el caso a sesión clínica y se discutiría en grupo pudiendo descubrir el error antes de tiempo.

Inexperiencia y desorganización eran las dos causas que impidieron un diagnóstico precoz, que posiblemente hubiera permitido a *A.* conservar la voz.

Con esa información planteé una reclamación que como casi todas se topó con la numantina defensa de una Administración sanitaria que disculpaba cualquier error en el vicio de fumar de mi cliente, único responsable de su desgracia. Es como si un fallo en los frenos de un coche el fabricante lo atribuyese a un exceso de velocidad.

La intransigencia administrativa una vez más nos obligó a acudir al juzgado. Pero estaba tranquilo pues disponía de un buen informe pericial hecho por un reconocido experto en la materia.

La defensa de contrario se basaba únicamente en el informe del jefe de servicio. Un español típico en lo que al uso de la voz se refiere, pues durante el juicio elevaba su tono como queriendo reforzar la autoridad de sus palabras. Era asertivo y contumaz en sus afirmaciones, repitiendo cada vez con mayor énfasis que todo sea había hecho perfectamente. Incluso cuando se le cuestionó sobre aquel informe del TAC, dijo sin rubor que aquello era una tontería, que esa descripción de la lesión era un ente virtual, vamos, que no existía.

Sus bruscas formas, casi que de general prusiano, imagen reforzada por su prominente mostacho, contrastaba con la prudencia de mi perito, que intentaba explicar de la manera más técnica posible, como si de un tímido profesor universitario se tratase, la certeza de sus planteamientos. Pero su voz comedida quedaba aplacada por el timbre grave de aquel jefe de servicio, indignado por el cuestionamiento que se le hacía, refutando con expresiones altisonantes vacías de referencias técnicas y esgrimiendo en todo momento su condición de jefe y su mayor experiencia como superior autoridad.

La jueza finalmente hizo más caso al ruido que al susurro, aunque uno sonase a exabrupto y el otro casi a disculpa. Porque mi perito quiso excusar el error del joven otorrino antes que tacharlo de negligente, aunque lo fuese en este caso por equivocar la biopsia. Y como perito novel ese fue su error, no imponer la autoridad de sus razonamientos con un tono más elevado y categórico, menos indulgente y quizás también menos técnico, porque al final lo que interesa no es tanto la literatura médica sino el caso concreto, aunque el análisis que se haga no pueda ignorar eso que se llama el estado de la ciencia.

En un juicio no importa solo qué se diga sino cómo se diga, y ahí mi prestigioso perito pecó de cierta inocencia y candidez. No se lo reprocho, es más, tras el juicio mi sensación es que había conseguido sacar de sus casillas a aquel acalorado jefe de servicio.

No podía entender cómo la jueza podía excusar aquel error médico, pero vistos sus razonamientos era evidente que había calado más en su fuero interno la teatralidad exuberante del jefe que el discurso sosegado del perito. El ruido, expresión de nuestra idiosincrasia, había triunfado.

No resignado recurrí en apelación. Pero mientras aquel recurso se tramitaba se dio la circunstancia de que fui invitado a intervenir como ponente al Congreso Nacional de la Sociedad Española de Otorrinolaringología. El tema de mi conferencia era sobre la responsabilidad médica en esta especialidad.

Entonces, en un ejercicio de cierto egoísmo profesional, decidí plantear el caso de *A.* Hice una presentación en *Power Point* con los extractos claves de la historia clínica y recabé, casi como si se tratase de una sesión clínica, la opinión de los presentes. Todos los que intervinieron —todos, insisto—, coincidieron en que se trataba de un fatal error médico que debía y podía haberse evitado. No hubo discrepancias, el veredicto era unánime. Expliqué a continuación el contexto de aquel caso, es decir, que se trataba de un asunto sometido a juicio y lancé la siguiente pregunta: ¿quiénes de los presentes estarían dispuestos a declarar ante un juez que su colega se había equivocado? Ante el mutismo del auditorio no quise insistir; su reacción delataba una actitud profesional que viene a ser la expresión de una ley del silencio ante este tipo de situaciones a las que mayoritariamente los médicos asisten como cómplices mudos.

De aquella experiencia publiqué un artículo titulado «¿Existe la responsabilidad médica?» del que cito este extracto a propósito de aquella reacción:

> Vean como el médico se siente víctima de un cambio de roles; pasa de controlar la situación, con el paciente a su merced tumbado sobre una mesa de operaciones o sobre la camilla de un *box*, temeroso cuando no completamente anestesiado, a ser el médico quien es analizado, escrutada su actuación por terceros, sean peritos o abogados, con ánimo de descubrir cualquier error por nimio que sea, ya sea un consentimiento informado incompleto o un gesto quirúrgico realizado sin la mejor técnica.
>
> Ese escrutinio en búsqueda del error produce horror. Y transforma la actitud ante la reclamación del paciente, como si el propio cuestionamiento fuese en sí mismo cuestionable, repudiable, generando un efecto bloqueo, de fundido en negro, sin margen para la concesión, trasladando el diálogo médico-paciente a una negociación entre terceros (abogados, compañías de seguros) que deciden por ellos.

Finalmente, no hubo suerte con el recurso. El tribunal, que estadísticamente demuestra ser reacio a corregir las decisiones de los jueces de instancia, a pesar de todo mi esfuerzo por demostrar el error de la primera sentencia, desestimó el recurso utilizando mal —todo sea dicho— la denominada prohibición del regreso, que es uno de los criterios de la teoría de la imputación objetiva del daño.

Y digo mal porque no se trataba de demostrar que no se hizo bien la biopsia —una segunda evidenció la lesión—, sino que esa lesión ya se intuía en el primer TAC. El error no se demostraba por datos *a posteriori* sino por una evidencia *a priori*.

Quizás no fui lo suficientemente expresivo en mis razonamientos, o quizás no aleccioné a mi perito sobre la necesidad de ser más asertivo y menos precavido. Quizás esa prevención de la clase médica a ser poco transparente con el error, a no ser autocríticos o a no tener la honestidad profesional de confesarlos, haya procurado también ese fallo.

Como abogado hago mío ese consejo de «esperar lo mejor y estar preparado para lo peor». Esperaba ganar este pleito, pero aunque lo intento, no siempre estoy preparado para perderlo, particularmente cuando detrás hay una desgracia personal en la que, como profesional del Derecho, asumo la responsabilidad de remediarla, o al menos de paliar el daño provocado.

Este asunto pasará a engrosar la lista de mis insatisfacciones más sonoras. Y no tanto porque suene estridente lo que pasó, sino porque me produce el mismo desagrado que el ruido exagerado, ese que quiere acallar las voces que transgreden la ley del silencio médico.

No se hizo justicia, otra vez será. Y cuando esto ocurre recuerdo este verso del poema *Invictus* de W.E. Henley: «no importa cuán estrecho sea el portal, cuán cargado de castigos la sentencia, soy el amo de mi destino, soy el capitán de mi alma».

6.
SANIDAD RECORTADA

Cuando la crisis financiera del año 2009 dejaba de ser una «desaceleración económica», definida con ese eufemismo por el entonces presidente del Gobierno, el mismo que luego se vio obligado a echar el freno de mano y promover los mayores recortes de nuestro sistema de bienestar para evitar que los hombres de negro venidos de Bruselas interviniesen la economía de nuestro país, la academia médico-quirúrgica me invitó a impartir una de sus sesiones con el título *La responsabilidad del médico en tiempos de crisis*.

Insistí en la idea de que el médico, siguiendo al bioeticista americano Pellegrino, no puede ser el guardián del presupuesto, sino que su principal fidelidad tiene que ser con el paciente, debiendo denunciar toda carencia de medios que comprometa la calidad asistencial, o dicho con estas palabras pronunciadas en aquella conferencia:

> «...la responsabilidad del médico en estos tiempos, más incluso que legal es social, al obligarles a reforzar ese contrato no escrito con la sociedad en su conjunto, pues todo somos en algún momento de nuestras vidas pacientes, contrato vigente todavía hoy en día en el Juramento Hipocrático.
>
> Contrato o alianza, del médico con el paciente y viceversa, como la que hay en la hermosa novela del escritor húngaro Sandor Marai titulada en español "La hermana", cuya lectura les recomiendo, y donde el narrador, su protagonista, se refería a su médico en los siguientes términos: "me estaba dando lo que había esperado que diera todo el tiempo: familiaridad, aquella solidaridad franca y cálida".
>
> Siendo críticos frente a los recortes, denunciando las deficiencias asistenciales, informando al paciente y a la sociedad, el médico demuestra esa solidaridad que no sólo le libra de toda responsabilidad, sino que le eleva a la consideración social merecida por ejercer la profesión más hermosa».

No siempre es así, por desgracia, sino que el colectivo médico, burocratizado y sometido a una funcionarización peyorativa, tiende a identificarse idealmente con una organización sanitaria a la que en privado reprueban al hacerla culpable de su pérdida de estatus cuando no se dé su precarización laboral, pero que en público tienden a defenderla, temerosos, quizás, de perder sus escasos privilegios o el favor de sus superiores.

Más patente me resulta esa subordinación, incluso claudicación a unos ficticios intereses generales, pues en puridad son los intereses particulares de las compañías del seguro, cuando determinados jefes de servicio tienen que informar una reclamación. Es ahí donde se pone en evidencia que su fidelidad no es con el paciente, el enfermo, el débil en definitiva, sino como si de un ejército se tratase con la cadena de mando, con sus superiores, directivos de evidente sesgo político, pues cambian cuando muta el color del gobierno que los pone.

Antiguamente los jefes de servicio eran por oposición, llegaban a ese puesto haciendo buena esa referencia clásica *primus inter pares* (el primero entre iguales). Ahora son puestos de libre designación, nombrados muchas veces por afinidades personales o políticas, bajo una engañosa apariencia de legalidad llamada evaluación colegiada, de modo que un comité de selección decide qué presentación de un proyecto de gestión le merece mayor calidad, sin necesidad de extenderse en justificaciones técnicas. Un sistema que alienta injusticias tales como que un candidato a jefe con 10 puntos más, sobre 30 de méritos, sea relegado al recibir más de esos puntos en la valoración arbitraria del proyecto de gestión del candidato «oficial».

Si antes eran el primero de los facultativos ahora son, como llegué a escribir en un importante medio de comunicación, el último de los directivos. Y esa subordinación genera servidumbres que convierten a esos jefes de servicio en la guardia pretoriana frente a las reclamaciones de los ciudadanos en los procedimientos de responsabilidad patrimonial sanitaria.

Pero no siempre es así; afortunadamente todavía existen quienes hacen gala de una honestidad profesional que elevan sobre esa lealtad mal entendida.

P. fue un cliente de ida y vuelta. Primero conseguimos que un hospital le tuviese que administrar el tratamiento prescrito para su enfermedad rara, a pesar de que el coste anual superaba los 300.000 euros, y luego obtuvimos una indemnización de 35.000 euros por la angustia que le generó la espera en recibir el único tratamiento que podía salvar su vida.

P. era un joven que padecía una enfermedad hematológica para la que había una medicación sintomática para paliar el cansancio que le reportaba, y un tratamiento novedoso y muy caro, que evitaba la principal complicación, incluso mortal, de sangrados.

P. tuvo como mejor defensor no a su abogado sino al jefe de servicio que, ignorando las presiones que recibió, informó que el tratamiento que procedía era el caro, y que la única forma de preservar su salud era rascándose el bolsillo, de la misma forma que hay tratamientos oncológicos de primera línea muy onerosos, por no decir de los trasplantes de hígado o riñón que nuestra sanidad a diario hace.

Frente a él se alzó una comisión de farmacia, acomodaticia al criterio de quién tenía que pagar el tratamiento, para quien lo más importante era eludir ese gasto que salvar la vida del paciente, o al menos blindarla frente a un futuro incierto.

El juzgado denegó la financiación del tratamiento, pero el tribunal de apelación revocó la sentencia, utilizando duras palabras para criticar la decisión administrativa basada en criterios económicos y no médicos:

> No puede acaecer sin embargo nunca lo sucedido en el presente caso, donde no sólo la Administración sanitaria prescindió del criterio médico —a la postre inclusive científicamente confirmado—, sino que se interpuso entre el facultativo correspondiente y su paciente, sin que autorizase la dispensación de aquel medicamento pese a estar oficialmente homologado y autorizado y haber sido en su día prescrito mediante razonables y razonados pareceres facultativos oficiales nunca de contrario desmentidos que le fueron sucesivamente expuestos y sin que su patente inactividad —en realidad su denegación *de facto*—, tuviese otra presumible motivación que el ahorro.

El Derecho se impuso a la economía, la salud a los recortes. *P.* me planteó entonces reclamar por ese año que estuvo sin tratamiento, con la duda cada mañana al despertar de si sería su último día, existiendo un remedio a esa incertidumbre que no podía costearse y que el sistema público de salud quiso ahorrarse.

Vimos la manera de hacer una reclamación, pero sin saber muy bien cómo poner precio a esa zozobra personal, a esa sensación de angustia, como quien lleva una bomba sin temporizador pegada al pecho.

Aunque osado, pensé que *P.* merecía lo mismo que lo que el servicio de salud se había ahorrado en ese año por su ilegal actuación, 300.000 euros

En otros sistemas jurídicos, como el anglosajón, donde está permitida la indemnización por los denominados daños punitivos, este planteamiento no solo sería cabal sino perfectamente legal. En nuestro sistema administrativo, donde además existe cierta racanería a la hora de valorar los daños personales como si la vida de una persona enferma valiese menos, la cifra reclamada sabía que escaso recorrido tendría, así que postulamos una indemnización alternativa de 100 euros por cada día que estuvo sumido en esa angustiosa incertidumbre.

Tanto el juzgado como el tribunal de apelación decidieron que 300.000 euros era una cifra excesiva por ese sufrimiento. Toda mi argumentación se vino abajo en pocas líneas, aludiendo que no podía existir enriquecimiento injusto sin un correlativo empobrecimiento en la misma cuantía, y *P.* no habría perdido ese dinero que se había ahorrado el servicio de salud, por lo que no podía darse esa trasferencia económica que se reclamaba.

Sí había un daño moral por la zozobra vital en la que estuvo sumido ese tiempo, pendiente de un tratamiento que dependía de una decisión judicial, y ese daño se mide, según el tribunal, en otros parámetros, no por equivalencia al ahorro que le supuso a quien se lo negó, sino en una indemnización de 100 euros por cada día que estuvo sin ese tratamiento, como también pedimos.

La angustiosa situación de quien gravemente enfermo sabe que hay un remedio que no se puede permitir, pero que por la negativa administrativa depende de una decisión judicial, realmente debería tener otro precio. Equiparar esa indemnización por día con la que fijan determinados baremos previstos para otras situaciones, desvaloriza ese otro dolor e incentiva, precisamente, las conductas que lo provocan.

Con su ilegal actuación la Administración se ahorró más de 250.000 euros, pues sólo tuvo que indemnizar a *P.* con 35.000 euros.

Esto supone que tiene un incentivo económico para volver a actuar así, máxime porque tampoco los miembros de esa comisión de farmacia recibieron una reprobación o sanción por su comportamiento ilegal e inmoral.

El sistema protege a sus fieles. Y el sistema ya no es tanto una Administración que debe servir con objetividad a los intereses generales, sino un conglomerado de intereses financieros que pretende mantener la inversión sanitaria pública en porcentajes cada vez más reducidos del PIB, con lo cual gana presencia el sector privado.

La salud se convierte cada vez más en un negocio, en una lucrativa industria controlada no ya por ponentes grupos hospitalarios sino por fondos de capital riesgo.

Como Timothy Snyder ha escrito en su libro *Nuestra enfermedad*, «una de las limitaciones de nuestra democracia es la presencia generalizada y no regulada del dinero en la política, que hace que, en momentos de crisis, las empresas de capital riesgo y las compañías de seguro tengan más peso en los asuntos de la vida y muerte que los enfermos y los médicos».

Lo describe también el Dr. Victor Montori en su libro *La rebelión de los pacientes*, cuando alude a que «la medicina ha cambiado su enfoque, alejándose de la atención al paciente y centrándose en lograr objetivos industriales y financieros». Y añade esta apreciación que lo resume todo: «Los gerentes a menudo usan esta frase para justificarse: sin dinero no hay misión. Sin embargo, cuando más dinero menos misión, en el sentido clásico y benefactor de la práctica médica».

En la medicina privada el precio lo fija lo que el individuo o su familia están dispuestos a pagar por tratamientos que salvan sus vidas, y que es todo lo que tienen. Como dice Montori «esto no es medicina, es extorsión».

En los servicios públicos de salud se sigue una dinámica a la inversa, pero con la misma lógica económica. Se centran en mejorar la eficiencia, bajo un oxímoron que encierra un efecto perverso: hacer más con menos.

Pero como nos recuerda el Dr. Montori «cuando los recursos son limitados debido la escasez, la incompetencia, la politiquera o la búsqueda de ganancias, las personas que están en las sombras de la vida, como apunta Hubert Humphrey, los más enfermos y humildes, pueden obtener servicios médicos, pero no del tipo que cuida y se preocupa por ellos».

Bien es cierto que nuestro sistema público de salud todavía mantiene unos estándares de calidad dignos, aunque cada vez con mayor demora en la atención no urgente, lo que obliga a las familias a recurrir a costosos seguros médicos privados para agilizar una asistencia más precoz.

Estas inequidades están viciando la práctica médica, porque los profesionales se ven forzados a gastar sus energías en apaciguar las demandas de los pacientes, y a complacer a los que organizan la asistencia de ese modo, justificando las demoras y determinados límites asistenciales, hasta el punto beneficiarse de incentivos retributivos si lo consiguen.

P. tuvo suerte. La complicidad médico-paciente, cimentada en una tradicional —pero cuestionada— alianza terapéutica, resistió las presiones de un sistema que pretende imponer otras alianzas. Su médico fue leal al paciente, no al sistema y sus prebendas, pero sobre todo lo fue a su propia profesión y al código deontológico.

Fueron 35.000 euros de compensación, debieron ser 300.000, pero más allá de una cifra se restableció el equilibrio que debe presidir una sanidad pública de calidad: accesibilidad y gratuidad. Porque de nada sirve lo segundo si falla lo primero.

7.

LA HUIDA DE LA SANIDAD PÚBLICA (TOCATA Y FUGA)

Lo recuerdo como si fuera hoy. Viajaba en mi coche por la autovía A-52 una temprana mañana de viernes para dirigirme a una reunión de trabajo.

Escuchaba la radio sin mucha atención cuando, de repente, la locutora de las noticias dio cuenta de una sentencia que condenaba al servicio de salud a pagar a un paciente los gastos de una intervención quirúrgica en una clínica privada, dando a continuación detalles sobre la dolencia que le aquejaba.

En ese momento reparé que era el caso de *S.*, mi cliente, del cual estaba esperando la sentencia tras un juicio celebrado unos días antes. Me alegró la noticia, pero me contrarió enterarme de esa forma.

Enseguida llamé a mi despacho donde me informaron que nos acababan de notificar la sentencia, confirmándome que habíamos ganado el pleito. Me apuré en llamar a la esposa de *S.*, con la cual había tratado el asunto desde el principio, quien me comentó que también había escuchado la noticia, que por lo visto estaba en todos los medios.

Le expliqué que la sentencia no la habíamos filtrado nosotros, por lo que tendría que haber sido el gabinete de prensa del Tribunal, lo que a veces ocurre, pero con tanta premura que tuvimos que enterarnos de esa forma. Las buenas noticias que lleguen como sea, pero mejor directamente.

La esposa de *S.* era una señora de unos 70 años, muy bien llevados, discreta, elegante e inteligente. Pero no era de esa clase de personas cuyas virtudes le hacen parecer distante, sino todo lo contrario, con una cercanía y afabilidad que resaltaba más aun su indudable atractivo.

Había sufrido el progresivo deterioro de su esposo mientras estaba en lista de espera para realizar unas pruebas diagnósticas y valorar luego el tratamiento a seguir.

Como la espera se hacía eterna puso una reclamación para acelerar la cita explicando lo que le sucedía, pero sin obtener respuesta alguna.

Gracias a disponer de suficientes recursos económicos acudieron a una reputada clínica privada donde le explicaron que tenía que someterse sin mucha dilación a una intervención quirúrgica, a riesgo de que su estado se deteriorase irremediablemente, lo que hicieron en la misma semana.

Cuando acudió a mi despacho traía perfectamente ordenada la documentación en un portafolios, con facturas e informes médicos. Su intención era que valorase en qué medida podía recuperar el coste de esa intervención con cargo a la sanidad pública, esa que había puesto a su marido en una lista de espera sin importarle que con el tiempo empeorase su salud, tanto que ni se dignó en atender la reclamación que por tal motivo se había presentado.

Con mucha prudencia le expliqué que no se trataba de un caso de reintegro de gastos médicos porque no hubo en esa asistencia una urgencia vital, pero que podíamos enfocarlo como un supuesto, atípico bien es cierto, de funcionamiento anormal del servicio sanitario, pues una mala gestión de la lista de espera también puede producir disfunciones que causan daños, ya sean materiales, como en este caso porque el tratamiento lo tuvieron que sufragar de su bolsillo, como incluso personales, pues quien carece de esos recursos económicos termina sufriendo no sólo la inquietud por el paso del tiempo y el dolor por convivir con su enfermedad largo tiempo a la espera de ser atendido, sino porque la llamada para ser operado a veces llega cuando ya el daño es irreversible.

Así lo hicimos y nuestra reclamación de responsabilidad patrimonial, como casi siempre, no mereció una resolución favorable, pese a que de no ser por la intervención en la clínica privada, que perfectamente podía haberse realizado en el hospital público, su estado se hubiera complicado gravemente. El instructor del expediente, un inspector médico, recurriendo a fórmulas retóricas vacías de contenido, habría propuesto su desestimación.

Llama la atención que, lejos de comportarse como un árbitro imparcial, la mayoría de los inspectores hacen gala de todo lo contrario a lo que su estatuto profesional proclama: autonomía funcional e independencia de los órganos de dirección de los centros y servicios inspeccionados. Pero, sobre todo, parecen olvidar que su principal función es ser la garantía y tutela del cumplimiento de los derechos sanitarios reconocidos a la ciudadanía.

Sin embargo, mi percepción es que realmente pocas veces demuestran esa independencia de criterio y afán de tutela, o al menos me resulta inconcebible que informen desfavorablemente el 90% de las reclamaciones. Ciertamente hay casos dudosos y uno puede entender que como esos árbitros caseros favorezcan al que juega en casa, que es la Administración para la que trabajan.

Pero lo que no admite justificación, salvo honrosas excepciones, es que dejen de tutelar los derechos de los pacientes que, desamparados por ellos, se ven obligados a acudir a los tribunales.

Viene al caso el siguiente dato: en los últimos años hasta 10 resoluciones desestimatorias de reclamaciones que presenté contra un mismo hospital luego todas fueron revocadas judicialmente condenando a indemnizar.

Estos inspectores son como aquel cancerbero, el perro mítico que impedía salir del averno, en este caso de un sistema perverso que primero daña y luego no repara el daño.

Aunque, todo hay que decirlo, existen inspectores excepcionales que demuestran independencia de criterio y sentido crítico, quizás versos libres que salvan el honor del colectivo.

No nos tocó en suerte uno de estos, por eso acudimos al juzgado. Aunque no es frecuente que los clientes quieran acudir a las vistas judiciales, la esposa de *S.* estuvo presente. Sentada discretamente en la tercera fila de los bancos no pasaba desapercibida, con un porte de dignidad que representaba a la perfección la serena insatisfacción de una familia agraviada por el trato dispensado al patriarca.

La sentencia fue noticia varios días, pero los ecos se fueron apagando con el paso del tiempo, cuando la actualidad deja paso a otros acontecimientos.

Lo peor no es que pierda vigencia, sino que no diese pie a un ejercicio de autocrítica que permita no tanto reparar el daño, a lo que la sentencia obliga, sino a evitar que el error se repita.

No existen foros o comités de análisis de esos errores que permitan un aprendizaje colectivo para una mejor gestión de estos incidentes.

Es la tremenda paradoja de la responsabilidad sanitaria, a diferencia de otros sectores como el de la aviación civil, en el que se estudia cada accidente para extraer unas conclusiones que se proyecten en una mayor seguridad de los viajeros, porque las compañías de seguros se juegan mucho en cada siniestro. Aquí ocurre lo contrario, porque las fallas del sistema cuesta mucho dinero repararlas, más que los fallos que propician.

Explicaba hace años esa diferencia en el tratamiento del error en un trabajo de investigación sobre esta carencia de nuestro sistema sanitario:

> Hay que distinguir dos enfoques del error: personal y sistémico. El primero arraiga en la idea de las culturas occidentales que los psicólogos han llamado la «hipótesis del mundo justo», que pone el foco del error en la búsqueda de un culpable humano. La otra forma es conocida como el modelo sistémico del queso suizo, que parte de la premisa de que los humanos somos falibles y que los errores se producen, en muchas ocasiones, por las condiciones de trabajo.
>
> Según ese modelo, partimos de láminas de queso con agujeros, en donde cada uno representa fallos activos y pasivos en los sistemas de seguridad. Los primeros son los fallos propios del comportamiento humano (lapsus, deslices); los segundos son los denominados errores latentes, los «residentes patógenos» que surgen del propio diseño de los procesos de seguridad. Cuando los agujeros se alinean la amenaza se materializa y el accidente se produce.
>
> Por eso, ante el evento adverso lo más importante no es saber quién se equivocó sino cómo y por qué falló la defensa del sistema. La idea de una adecuada gestión del riesgo es que no podemos cambiar la condición humana, pero sí las condiciones en las que la gente trabaja. Los resultados de esa forma de trabajar aplicada a la aviación civil suponen que sea uno de los sectores más seguros, con una tasa de accidentes anuales de 0.37 por millón.

Cuando los inspectores analizan una reclamación se limitan a concluir si la misma debe ser estimada o desestimada (las más de las veces), no a indagar las condiciones de trabajo o su organización y la relación con un fallo y consiguiente daño. No existe una voluntad de tratar el error de una forma despersonalizada, sino al revés, como si fuese el efecto de una actuación humana desconectada del medio.

Y esto resulta particularmente dantesco a la hora de poner remedio a una lista de espera, que es la carga oscura de nuestra sanidad pública. La conclusión es que no interesa, porque al final son pocos los que reclaman, como *S.*, el precio de su salud. La mayoría se resigna a esperar cuando le toque, o apuran su economía para suscribir una póliza privada de salud. Sólo así se explica que, a raíz de la crisis financiera, al tiempo que se producían los mayores recortes de nuestro sistema público de salud, la contratación de estas pólizas, lejos de contraerse, se incrementase exponencialmente. Es la triste huida de un sistema público depauperado, cuya banda sonora bien pudiera ser la tocata y fuga de Bach, por como suena y por lo que transmite.

8.
LLANTO SIN LÁGRIMAS

Dicen que el mayor dolor surge de la muerte de un hijo. Que un padre le sobreviva no es natural, sino lo contrario. Es la ley de la vida, ellos nos cuidan cuando nacemos y nosotros repetimos el gesto cuando se acerca el final de sus vidas. O así debería ser.

Recuerdo como una punzada en el corazón cuando recibí una llamada mientras mi hija recién nacida estaba en la UCI neonatal. Por problemas de cobertura no entendía bien a mi interlocutor, que además oía de forma entrecortada, dando la impresión de que sollozaba. Mi primer pensamiento fue que algo trágico había ocurrido con mi niña de pocos días de vida y su salud comprometida. No fue así, afortunadamente, y ahora es una joven brillante, porque brilla tanto por su belleza como por su inteligencia.

Esta experiencia me ha permitido entender, aun lejanamente, el dolor que sufren unos padres por la muerte de un hijo, más si es de corta edad.

Me acuerdo de la primera vez que vi a *C.* y *P.*, los padres de una niña de 3 años de buena salud. Acudieron con una carpeta rebosante de hojas de la historia clínica de su pequeña. El rostro sombrío de la madre contrastaba con el gesto más sereno y lúcido del padre, que empezó a contarme su *via crucis* hospitalario. De cómo una diarrea que empezó un jueves, terminó cuatro días después con su niña fallecida, tras pasar por el centro de salud y dos hospitales.

Prestaba atención en silencio tomando mis notas sin interrumpir a aquel hombre joven que hablaba de su hija en tiempo presente. No era capaz de preguntar nada, ni quería hacerlo, solo dejar que se desahogara con ese relato que tantas veces habría repasado mentalmente.

Se notaba que tenía un recuerdo intacto de cada minuto, de cada hora de estancia a pie de cama en un pequeño hospital comarcal y luego del traslado de urgencia a otro hospital de área, que sí disponía de una UCI, siguiendo a duras penas en su coche a una ambulancia que conducía desesperadamente a su hija a una salvación que finalmente no alcanzó.

Me contó su relato de aquellos días de forma recurrente, insistiendo en como la víspera de su fatídico fallecimiento había querido llevarse a su hija a ese otro hospital al presentir, frente a los comentarios tranquilizadores de la pediatra de guardia, que algo no iba bien.

En ese momento se le quebró la voz y empezó a sollozar, mientras balbuceaba unas palabras que trasmitían una culpa que martilleaba su conciencia al pensar que debía haber hecho caso omiso a aquellos comentarios médicos, agarrar a su hija en brazos y llevársela de allí a tiempo de salvarla.

Reconozco que el llanto de aquel hombre culpándose de su desgracia casi provocó mis propias lágrimas al recordar mi experiencia vital, pero pude contenerlas gracias a que su esposa, hasta entonces silente y con la mirada perdida en el suelo, empezó a hablar con una determinación que contrastaba con su desmoronamiento previo.

Me miró fijamente y con firmeza dijo que la culpa había sido de la pediatra, que ninguna prueba había pedido para su hija, y que solo en dos ocasiones había acudido a verla antes de que alarmada por su progresivo deterioro ordenara el traslado cuando ya era demasiado tarde.

Su semblante, antes apesadumbrado, pasó a expresar una rabia contenida frente a quien consideraba la auténtica culpable de la muerte de su hija que, además, no había tenido el más mínimo gesto de condolencia hacia aquellos padres tras enterarse del fatídico final de su pequeña paciente.

Y esa actitud distante, sin atisbo de arrepentimiento, en una pequeña localidad costera, donde todas las familias se conocen y las relaciones vecinales son más estrechas, añadía dolor al drama vivido, porque no podía evitar cruzarse en ocasiones con aquella pediatra que le torcía el gesto.

Aquellos padres desconsolados por la temprana muerte de su única hija, única nieta de cuatro abuelos, me traían un expediente desordenado de otro despacho de abogados que después de varios meses de silencio les acababan de decir que nada podían hacer por este caso, que la reclamación por la posible negligencia cometida con su hija no era viable.

Tengo la costumbre, más bien manía, de ordenar la documentación sin esperar a que el cliente abandone el despacho, por eso mientras comentaba con ellos detalles relevantes de aquellos días de infausto recuerdo, iban colocando los informes médicos siguiendo una secuencia cronológica.

Fijé mi atención en el informe de ingreso de la pequeña en el hospital al que había sido trasladada de urgencia en un intento desesperado, tardío e inexplicablemente demorado, donde pude leer una descripción del estado de la menor que me llamó la atención y que luego me permitió entender el grado de sufrimiento de aquella niña. Llanto sin lágrimas, ponía.

Parece ser que ante determinadas enfermedades, como son las que provocan diarreas graves, los niños pueden llegar a deshidratarse de tal manera que ni una lágrima les queda en el cuerpo.

Y esa niña estaba sin lágrimas porque llevaba tres días con una diarrea aguda, sin orinar y con más de 20 deposiciones diarias que hasta le provocó un prolapso anal.

La víspera de aquel fatídico día, a pesar de su calamitoso estado, nadie controló la diuresis, nadie pidió una analítica, nadie se le ocurrió hacer una ecografía. Era sábado, la pediatra de guardia localizada estaba en su casa, había pasado visita por la mañana sin tomar ninguna prevención, aunque fuese la más elemental cautela de cuestionarse el diagnóstico de ingreso de gastroenteritis vírica y pensar que puede pudiera ser una bacteriemia, habiendo además indicios de que detrás de ese cuadro pudiera estar una bacteria, en este caso la temida *Escherichia coli*.

La sangre en heces, la desviación izquierda en la ecografía y una PCR aumentada eran datos sugestivos de la presencia de la bacteria, lo que obligaba a dispensar a la niña otros cuidados que en aquel pequeño hospital no disponían. En estos casos hay que dar soporte vital en una UCI para evitar el fallo renal.

Aquella joven pediatra no prestó atención a la negativa evolución de la menor, manteniendo el diagnóstico del día anterior sin cuestionárselo a pesar de la advertencia de la enfermería. La soberbia profesional es la peor consejera en esos momentos. Lo que ayer era blanco, hoy puede ser gris y mañana negro. Los matices son importantes y no se puede dejar de prestar atención a la evolución, porque esa es la esencia de la atención médica, de ahí la expresión «dejar en observación».

Era sábado, su guardia era localizada, podía estar en su casa tranquilamente disfrutando de un soleado día de septiembre o acercarse a alguna de las paradisíacas playas de aquella costa bendecida por una naturaleza casi salvaje.

A regañadientes, a juzgar por lo que dejó anotado en la historia clínica, acudió a última hora de la tarde, avisada por las alarmadas enfermeras que ya habían perdido la cuenta de las deposiciones diarreicas de la niña. Prefirió dejar la realización de las pruebas para el día siguiente, ¿por qué?

La respuesta la tuve posteriormente. Acepté el caso sin dejarme influir por el dolor de unos padres, ni por el prejuicio de un compañero sobre su viabilidad.

Entre aquellos papeles que me llevaron había un informe que no tenía que ver con la historia clínica, redactado por una pediatra ajena al caso. En él hacía unas sucintas valoraciones inconclusas pues advertía que le faltaban datos. Contacté telefónicamente con ella y recuerdo que nuestra primera conversación fue todo menos amable.

Era una pediatra ya jubilada, de amplia experiencia profesional incluso como directora de un prestigioso hospital pediátrico. Cuando me identifiqué, ella me confundió con el anterior abogado y empezó a hacerme reproches que no supe entender hasta que más tarde aclaré el malentendido.

Recriminaba, en medio de esa confusión, que intentase dirigir el informe hacia una tesis que no era la que ella estaba dispuesta a defender. Estuve a punto de zanjar abruptamente la conversación porque no entendía de lo que estaba hablando. Pero luego, a pesar del tono crispado de mi interlocutora, me di cuenta de la confusión, lo que de corregí para alivio de ambos.

Aclarado el malentendido, ella cambio de actitud, más cuando le expliqué que no tenía ninguna intención de influir en su dictamen sino solo saber qué había pasado y tener su opinión sincera y experta para poder aconsejar a aquellos padres desconsolados.

A partir de ahí todo fluyó de una manera más cordial y colaborativa. Facilité la documentación que le faltaba, hablamos del caso en varias ocasiones, aclaró mis dudas y tras varias llamadas y correos electrónicos, dictó un informe pericial impecable e implacable: la niña había sido mal diagnosticada y no se supo rectificar a tiempo el error inicial, cuando todavía era posible.

Presenté la reclamación con el informe firmado por esa pediatra y otro experto en este tipo de patología. El trámite siguiente fue dar traslado del mismo, como es preceptivo, al servicio implicado en la asistencia. La reacción me recordó al ataque de las hienas a un león solitario. En esos documentales televisivos sobre la fauna salvaje uno no puede menos que estremecerse ante esos animales que actúan en manada y que tan mala fama tienen, quizás por su desagradable aspecto acompañado de unos aullidos como risas burlonas.

El informe que hicieron las tres pediatras del servicio era un cúmulo de descalificaciones profesionales a los autores del informe pericial. Era tal el desprecio que mostraban hacia la opinión de unos colegas, que más que defenderse con una opinión discrepante, lo cual sería perfectamente legítimo, se dedicaron a descalificarlos, quizás porque en su particular visión de estos informes críticos pensaban que habían transgredido ese código de honor no escrito según el cual no es posible cuestionar las decisiones profesionales de un colega.

Su frustrada reacción se desacreditaba a sí misma, incapaces de dar argumentos constructivos sino todo lo contrario, como el aullido de las hienas.

La Administración sanitaria, tan alejada de la autocrítica y del reconocimiento de los errores de los suyos, a los que luego en sus condiciones de trabajo maltrata y exprime, desestimó la reclamación.

Esto nos llevó al juzgado. Y de nuevo se repitió la escena de una controversia profesional, ahora a ojos de un observador imparcial que es la jueza, que asistió impasible a dos visiones contradictorias de lo ocurrido. Declaró también aquella pediatra que emitió el diagnóstico erróneo y que no supo rectificarlo a tiempo.

Uno siempre tiende a tergiversar la versión de la realidad cuando no le es favorable, pero en este caso sabía que su falta de empatía, su orgullo casi desafiante y su desapego a los hechos historiados para moldearlos a una verdad adulterada y acomodada a su autodefensa, iban a transmitir una mala imagen a aquella jueza que también era madre.

Y así fue. No fue difícil provocar la reacción airada e insensible de la pediatra que testificaba en el juzgado. Solo hay que poner delante, como si de un espejo se tratase, los hechos simples y llanos, tal y como los transmiten los informes médicos y las hojas de enfermería. Ante esa imagen de uno mismo, de su actuación profesional, el inteligente y cauto disimula, el prepotente y fatuo se enerva.

Eso último fue lo que pasó, perdió los papeles y cavó su propia tumba procesal con sus respuestas incoherentes y distantes de la verdad y de los sentimientos más humanos, de esos que nos hacen sensibles y empáticos.

Meses después llegó la sentencia que daba la razón a los padres. Cuando les llamé para darles la buena noticia y la indemnización que iban a recibir, su respuesta fue que el dinero les daba lo mismo, sólo querían que se reconociera que se habían equivocado porque sabían que la petición de un perdón jamás llegaría.

Habían recompuesto su vida. Una nueva hija ahora les hacía de nuevo felices, aunque la sombra de aquella desgracia todavía les perseguía.

Quizás ahora el recuerdo tenga otra sensación. La de que aquella muerte era evitable, que no fueron ellos los responsables como primeros cuidadores de su hija, sino aquella en quien habían delegado su cuidado en la enfermedad. Un alivio para aquel dolor extremo.

9.

SIN DEDO POR LA BUROCRACIA

Hace más de dos décadas, en los albores del presente siglo, siendo yo un joven e inexperto abogado pero con cierto talento, al menos a ojos de estamento médico, fui contratado para prestar asesoramiento jurídico a la Organización Médica Colegial en la negociación con el Ministerio de Sanidad de un proyecto normativo que consistía, básicamente, en convertir los hospitales públicos del Estado en fundaciones.

La idea no tenía nada de novedosa, pues era la copia del proyecto de la premier Margaret Thatcher para los hospitales del NHS, que en Gran Bretaña se denominaron *trusts*.

Con esa encomienda, inédita en mi entonces corta trayectoria profesional, me encontré debatiendo en una larga mesa de juntas con talludos funcionarios y cargos públicos, una reforma que dada autonomía organizativa y personalidad jurídica propia a cada hospital.

En el debate partidista aquello se tildó de privatización de la sanidad, mientras que sus defensores la llamaban «desburocratización».

Lo que realmente se pretendía era cambiar el régimen de contratación, eso que la doctrina académica denominó como huida del derecho administrativo, para atenerse a otro marco jurídico, tanto en relación con los proveedores externos como con el personal a su servicio.

La iniciativa fracasó porque mis clientes no dieron el visto bueno a la reforma y el presidente del Gobierno no iba a sacar el proyecto adelante sin el plácet de los médicos. Entendí luego los mensajes interesados que me llegaban de derecha e izquierda, según el credo político, para influir en mi dictamen. Fue todo un bautismo de fuego en el insondable mundo del poder político y su madeja de intereses partidistas.

El proyecto se publicó, pero nunca se aplicó, lo que le costó el puesto al Ministro de Sanidad, al que no le fue renovada la confianza del Presidente tras ganar las elecciones legislativas con amplia mayoría.

Bien hizo en no aplicarlo, porque las pocas fundaciones que como experiencias piloto se habían creado luego se transformaron en hospitales tradicionales, porque no habían reparado en algo que dio pie a su condena de muerte: un procedimiento de conflicto colectivo donde también presté asesoramiento para impedir que se obligase al personal a trabajar más de 40 horas semanales, cuando con guardias superaban con mucho esa jornada, pero sin cobrar las horas extras. Una sentencia contundente del Tribunal Supremo puso punto final a aquellas fundaciones de tan corto recorrido.

Todos esos recuerdos me asaltan ahora cuando me notifican la sentencia de *J.*, un cliente que dos años antes había acudido a mi despacho, y cuando le pregunté el motivo de su consulta se limitó a levantar la palma de la mano para enseñarme sus cuatro dedos. Le faltaba el meñique que solo unos meses antes le habían amputado totalmente.

Vale —le dije—, ya veo, pero ahora cuéntame que pasó con ese dedo que te falta.

Acto seguido aquel joven treintañero me explicó que había tenido que acudir a urgencias porque haciéndose un bocadillo se cortó en el dedo. Ese mismo día le operaron para suturarle el tendón seccionado ya que el corte había sido profundo.

La sutura falló y a los tres días tuvo que volver al quirófano. Hasta ahí todo normal, dentro de las complicaciones propias de este tipo de cirugías.

Pero tras la segunda intervención mi cliente entendía que la rehabilitación en estos casos era imprescindible, pero se estaba retrasando, algo además que no pasaba desapercibido para el traumatólogo que le operó, que insistía en empezarla lo antes posible.

Sin embargo, eso no dependía ni de él ni del doctor, sino de una burocracia que se encarga de citar a los pacientes a consulta, y que en este caso demostraba una lentitud tan ineficaz como desesperante.

Cuando por fin lo citaron para empezar con la fisioterapia ya sabía que no se iba a librar de una tercera intervención.

Quizás, conscientes de esa indolencia administrativa a la hora de gestionar los recursos públicos, decidieron traspasar el paciente a un centro privado concertado, pensando que ahí iría más rápido el tratamiento.

Efectivamente lo fue; no habían pasado ni tres semanas desde que había concluido aquella rehabilitación inoperante cuando fue operado con éxito, consiguiendo que el tendón reoperado dos veces volviese a recuperar la movilidad.

Al alta hospitalaria la admonición del cirujano fue muy clara, y así lo escribió: «necesita rehabilitación urgente», pero sin explicar dónde.

Al cabo de un mes, en la siguiente revisión, la cara del traumatólogo era todo un poema, al ver que aquel dedo se había anquilosado sin remedio, porque nadie se había preocupado por gestionar la orden médica conminatoria sobre esa urgencia: en el hospital público porque consideraba que correspondía hacerla al privado, y en este porque entendía que su obligación solo alcanzaba a aquello que se le pagó, que fue la cirugía.

La única opción que le quedaba tras ese descontrol organizativo era amputar el dedo. Y así, resignado, se tuvo que despedir de su dedo, pero también de su profesión de camarero, por la dificultad de portar la bandeja con una mano de la que también había perdido fuerza.

En el juicio, como siempre, la obstinación por defender que aquello era inevitable condujo al ridículo a quienes intentaban justificar lo sucedido con una frase que elevaban a la categoría de axioma: «la medicina no es una ciencia exacta».

Cierto que la medicina no obra milagros, ni a todos se puede atribuir la habilidad del doctor Cavadas (por citar a un famoso cirujano) reimplantando miembros amputados. Cierto también que el éxito depende de factores personales y predisposiciones de cada paciente.

Pero lo que sí cabe pedirle a un sistema sanitario, burocratizado o privatizado, es que funcione con normalidad, cumpliendo a tiempo con la disposición de medios que la ciencia médica aconseja para restablecer la salud del paciente.

En el caso de *J.* se pusieron de manifiesto los males de esa sanidad burocratizada y descoordinada, que derivan de una gestión poco profesionalizada, en manos a veces de acólitos de determinados cargos políticos que gestionan presupuestos millonarios sin haber pasado por una facultad de economía.

Y, como además en tiempo de recortes los recursos son escasos, tenemos la tormenta perfecta: poco dinero y mal gestionado.

La sentencia de *J.* era demoledora. La mala praxis era de libro, pero no por la labor de los médicos, sino por la de quienes tienen que coordinar su trabajo, evitando que un dedo termine en el cubo de la basura, o lo que sería más grave, un órgano vital.

Errores como este me producen la impresión de que incluso serían más frecuentes con aquel proyecto normativo que también se fue a la basura.

La sanidad pública, esa que los políticos que tan mal la defienden llaman «la joya de la corona» de nuestro estado de bienestar, exige más recursos que los reservados en los presupuestos, pero sin necesidad de incrementar los impuestos o desviar partidas destinadas a otras necesidades sociales.

Lo explicaba hace años en un artículo titulado *Sanidad pública: existe la solución*, en contestación a otro de un afamado economista de la salud titulado casi igual. Explicaba esa solución así:

> Teniendo un sistema sanitario público todavía con una base tecnológica moderna y con unos buenos profesionales sanitarios producto de un sistema de formación especializada de primer nivel (muy demandados en otros países por tal motivo), con un excelente equilibrio territorial en la distribución de las instituciones sanitarias (en todas las provincias españolas hay como mínimo un hospital de primer nivel y centros de salud o consultorios en todos los municipios), llama la atención la ceguera intelectual de quienes les resulta imposible realizar los cambios legales que permitan que la sanidad pública pueda participar de los beneficios que reportaría la atención a un ingente número de pacientes privados que en muchas ocasiones optan por esta la sanidad para curar su enfermedad. Apunto dos cambios: en primer lugar que las primas de las pólizas de asistencia sanitaria pudieran desgravar en el impuesto de la renta de las personas físicas, pues el Estado recaudador recuperaría el coste con el reembolso de la asistencia a la aseguradora (y así se incentivaría la contratación de pólizas, el ciudadano se conciencia del coste de la asistencia e incluso se fomenta el propio autocuidado de la salud, pues de lo contrario se incrementa la prima); y, en segundo lugar, que se introdujeran mecanismos de competencia entre los diversos hospitales públicos de forma que cualquier paciente, sea cual sea su lugar de resi-

dencia, pueda acudir al centro que desee (ahí sí tendrían sentido las unidades de gestión clínica por la posibilidad de atraer pacientes de otras áreas de salud en base a la calidad del servicio o la especialización de la asistencia en determinadas técnicas o terapias).

Planteo lo contrario a una privatización de lo público (que es el camino que viene siendo escogido por los responsables políticos en los últimos años, como ejemplo el fallido intento en Madrid). Es decir, abrir el sector público a la captación de recursos hasta ahora caladero exclusivo del sector privado. Para ello es necesario romper el sistema asistencial actual diseñado en compartimentos estancos (zonas de atención primaria, áreas de salud y comunidades autónomas), de modo que cualquier institución sanitaria pública pueda competir con el resto por el paciente, el cual a su vez tendrá la libertad de elegir entre un abanico de posibilidades inmenso. Fomentar la competencia no sólo ayuda a crecer en calidad, sino que además promueve la transparencia, pues los consumidores, que cada vez están más y mejor enterados, buscarán información de cada institución para verificar sus resultados, las ratios de calidad, los méritos de sus profesionales, en definitiva, todos aquellos datos que les permitan optar por el servicio sanitario que mejores resultados ofrezca en relación con cada patología. Por lo demás, no sólo la sanidad pública saldrá beneficiada, sino que, con mayor contratación de pólizas, el sector privado también ampliará su base clientelar. Y quienes carezcan de recursos para pagarse una póliza privada gozarán de una asistencia pública mejor, más competitiva, más transparente y con mayor margen de mejora. Esa solución, así esbozada, sólo pretende ser el punto de partida de un análisis más riguroso que permita abrir un debate que enriquezca la propuesta que ahora planteo, todavia muy incipiente, pero sobre todo que sea un aldabonazo en las conciencias de los responsables políticos, parcos en iniciativas que preserven las esencias del Sistema Nacional de Salud. Quizás convenga recordarles aquello que Séneca en su día dijo: *Salus populi prima lex est*.

Creo en la sanidad pública, pero no como oposición a una sanidad privada que merece todos mis respetos. Aunque si esta puede atender pacientes del sector público, ¿por qué la sanidad pública no puede atender pacientes privados y cobrar por ello de sus seguros?

Cuando los errores no provienen del factor humano, como en el caso de *J.*, sino de un sistema sanitario ineficaz, lo que procede es cambiar el sistema.

Hace más de dos décadas se intentó, aunque de una forma errónea. Hay que volver a intentarlo. Si no, muchos como *J.* verán afectada su salud en un futuro nada halagüeño de crisis financieras y limitación de recursos.

10.

LA HONESTIDAD DEL PERITO MÉDICO

¿Qué, vamos a mentir? Así se dirigía un perito desde su coche a otro que me acompañaba camino del juzgado. Teníamos un juicio donde a mis clientes se les negaba una indemnización por las lesiones derivadas de un accidente de tráfico, acusándoles que habían simulado los síntomas. Como quiera que mi acompañante debió de percibir mi gesto de desaprobación al oír aquel comentario me dijo: «tranquilo, unas veces él miente un poco y otras veces yo, es normal».

Es cierto que la verdad científica puede ser maleable, pues en la literatura médica siempre se podrán encontrar estudios que respalden tanto una postura como la contraria. Pero ocurre con frecuencia en este mundo de la pericia médica que los intereses de quien paga al perito se anteponen a cualquier intención de exponer la verdad completa, es más bien una verdad a medias camuflada bajo cierta apariencia de cientificidad.

Y como hacen falta peritos que avalen las posturas de un negocio que mueve cada año más de 1.500 millones de euros en primas de seguro de responsabilidad civil en España, se organizan gabinetes periciales que agrupan a una legión de médicos adoctrinados para defender persuasivamente la *lex artis* o buena praxis médica, no solo con argumentos aparentemente sólidos, sino con una ensayada puesta en escena que recuerda más al manual de estilo de los políticos de hoy en día, o a los vendedores de crecepelo de antaño.

Por eso cuán difícil resulta encontrar un buen perito médico, honesto, independiente e inmune al viciado corporativismo de esta profesión.

Me resultó muy complicado dar con un neurocirujano que peritase un caso catastrófico en la embolización de una malformación arteriovenosa durante la cual se extravasó el material metálico utilizado, provocando grandes daños neurológicos a *E.*, una chica de apenas 26 años que quedó con una hemiparesia izquierda, tan limitada para la vida diaria que le conseguimos el reconocimiento judicial de una gran invalidez.

Pero ahora lo que teníamos que conseguir era una indemnización por todos los graves daños causados y que desde mi perspectiva podían haberse evitado actuando de otra forma.

Primero consulté el caso con un neurocirujano a quien conocía y que por eso sabía que no iba a exponerse a la crítica de sus colegas por dejar en entredicho la forma de hacer esa embolización, pero que, como si de un secreto de Estado se tratase, me dio la pista de por dónde podía ir el error.

Contacté luego con un gabinete pericial quien me puso en contacto con un neurocirujano al que expuse el caso con la historia clínica y la bibliografía que de aquella discreta forma había conseguido.

Pero aquello fue como un diálogo de sordos. Yo insistía en que precisaba que entrara a valorar la técnica del proceso de embolización y él en reducir su análisis a la errónea información dada a la paciente en relación no tanto a los riesgos de la técnica como a las alternativas terapéuticas.

Aquel tira y afloja entre quien pide una cosa y le ofrecen otra, terminó por mi parte con un comentario que puso fin a la discusión: «para defender en juicio que la información a la paciente no fue completa no necesito un perito médico, muchas gracias».

Con el recurso ya entablado me la tuve que jugar y pedir casi a la desesperada que el tribunal designase un perito de esa especialidad del listado que manejan a tales efectos.

Al cabo de unas semanas, hecha la provisión de fondos, me llega su dictamen demoledor contra la actuación médica cuestionada, explicando de forma muy técnica, pero a su vez muy didáctica, dónde había estado el error que había provocado semejante desastre.

Valor tuvo aquel perito cuando ante el magistrado que atendió a la práctica de la prueba tuvo que enfrentarse a tres colegas, sí tres, que contratados por la compañía de seguros se echaron a su yugular, en sentido figurado claro, pero fue lo único que les faltó al hacer critica de su dictamen con ferocidad, desacreditando sus argumentos.

Aquella pelea dialéctica a cara de perro en una sala de vistas me recordó a esas películas de Steven Seagal, quien sin inmutarse se deshace de sus contrincantes con una facilidad pasmosa por su dominio de las artes marciales.

Las artes de aquel perito eran el conocimiento profundo de la materia y la tranquilidad con la que lo exponía, no tanto por su larga experiencia profesional como por su independencia de criterio de quien solo está sometido al dictado de su propia conciencia y no a los intereses de otros.

Para el buen juez, la sana crítica de las pericias contradictorias no es una cuestión de matemáticas, pues parece evidente que 3 es más que 1, sino de lógica, pero también de psicología e incluso de filosofía.

Los filósofos del derecho llevan décadas deliberando sobre los criterios de determinación judicial del valor preponderante de una prueba pericial sobre otra.

En Estados Unidos, donde los pleitos de mala praxis, sobre todo contra la industria farmacéutica, mueven miles de millones de dólares, se acuñó por el Tribunal Supremo la doctrina Daubert, con la que se pretende establecer unos parámetros de fiabilidad pericial.

Tanto da el tema de sí que incluso esta doctrina aparentemente solvente, por venir de donde viene, ha tenido sus propios detractores e incluso sus variantes, lo que demuestra que tampoco el Derecho es inmune a la evolución de las ciencias forenses.

El magistrado finalmente dictó una sentencia estimatoria, dándonos la razón e indemnizando en una cuantiosa cifra, que siempre parece escasa ante las graves secuelas causadas.

Sin entrar en vericuetos filosóficos, el magistrado que dictó la sentencia aludió a la mayor objetividad e imparcialidad que se le supone al perito judicial, así como a la fuerza de convicción de sus argumentos expresados tanto en su dictamen como luego defendidos en la sala de vistas.

Quizás el debate en España se centre más en la honestidad del perito que en la calidad científica de sus argumentos, a la inversa que en Estados Unidos donde la honestidad entendida como el respeto a la verdad no se cuestiona, quedando el debate restringido no a si tal o cual perito miente (o miente mucho o poco), sino a si su exposición tiene una base científica sólida avalada por estudios contrastados (la denominada «revisión por pares») y publicaciones de calidad (eso que llaman factor de impacto).

El perjurio en un delito grave en el mundo anglosajón, hasta el punto de que se han forzado procesos de *impeachment* en la clase política frente a quien ha faltado a la verdad. Si eso ocurriera en nuestro país los partidos políticos verían menguadas sus filas pues a nadie parece extrañarle que un político mienta o no pida perdón, no ya que dimita por plagiar una tesis doctoral o exhibir en su currículum un título falso u obtenido con ayudas y sin el necesario esfuerzo académico.

Esto me recuerda a un capítulo de la serie americana *New Amsterdan* (antiguo nombre de New York) basada en las peripecias profesionales de los médicos de un gran hospital público en la gran manzana. Como quiera que habían recibido la demanda de la familia de un paciente fallecido, la abogada del hospital entrevistó por separado a los médicos implicados. Parecía que todo se había hecho correctamente, aunque subyacía cierto prejuicio racial e ideológico (el paciente era un nazi supremacista blanco y el médico que lo operó era negro). La abogada constató que ese prejuicio podía cuestionar la implicación del doctor y haber condicionado el resultado final, por lo que aconsejó a la dirección del hospital que pactasen una indemnización, porque «si suben a estrados los abogados los van a hacer trizas».

Sabía que cualquier intento de camuflar la verdad no tenía sentido en un sistema que hace de ese atributo moral santo y seña de su propia esencia.

Llamé a *E.* para comunicarle la sentencia y me dijo muy serena que agradecía todo mi esfuerzo, pero la mayor satisfacción para ella no era el dinero, estando como estaba, sino que las mentiras que ocultaron la causa real de su desgracia quedaran en evidencia.

Cuando falta el perdón, una sentencia que dé la razón llega a producir el mismo efecto reparador que esa disculpa sincera y espontánea que tanto se echa en falta en estos lares.

11.

CADENA DE ERRORES

Tengo clientas que han sufrido los efectos mutiladores del cáncer de mama, pero a quienes la cirugía reparadora ha reconstruido ese canon clásico de la feminidad que representan los pechos de la mujer.

Incluso una famosa actriz americana, heroína del cine de acción, en cuyas películas hace alarde de unas habilidades para la lucha antiguamente reservadas a los hombres, con una indumentaria de látex que realzaba sus generosos pechos, luego decidió extirparlos como medida profiláctica para prevenir el cáncer de mama al que genéticamente estaba predestinada, devolviendo la cirugía plástica su voluptuosa forma.

En el hombre el atributo de masculinidad dirige la mirada a sus genitales; basta con tener delante cualquier anuncio de calzoncillos, generosamente abultados, quizás no tanto por la dotación del modelo como por el relleno de algodón.

También los hombres ven menguada su masculinidad cuando pierden esos atributos por una enfermedad o un error médico.

Recuerdo el caso de un cliente que a causa de un cáncer perdió sus dos testículos y al que ayudé a conseguir que el sistema sanitario financiarse una testosterona sintética para controlar mejor los efectos que provienen de la falta de esa hormona que permite no solo la actividad sexual sino también el vello tan propiamente masculino que es la barba, aunque en otras zonas del cuerpo el canon haya cambiado por efecto de la depilación láser.

Otras veces se pierde uno de los testículos, sin por ello afectar a la masculinidad así entendida, porque el otro compensa la falta de producción de testosterona y espermatozoides.

Así se lo tuve que recordar a *A.*, un joven que recién estrenada la mayoría de edad lo perdió a consecuencia de una torsión testicular. Bien es cierto que tenía el apoyo de unos padres preocupados, pero también enterados, que habían informado a su hijo y que lo estaban arropando ante lo que entendían que había sido un error médico.

Tenía a los tres delante de mí explicándome lo sucedido. Los padres todavía con el gesto de indignación por lo ocurrido; *A.* más callado pero sereno, demostrando una madurez más propia de otra edad.

Todo empezó como muchas torsiones de noche, despertando con un dolor agudo en el testículo e hinchazón. Acuden entonces a un hospital privado pues tenía un seguro de salud. Allí les atiende con rapidez un médico de urgencias que tras la primera exploración concluye que podía tratarse de una torsión testicular. En el cuadro clínico coincidían muchas sospechas de este diagnóstico: la edad, el debut del dolor, la falta de signos de infección, la presentación...

Pero aquel hospital que en su publicidad utilizada la palabra «calidad», carecía de urólogo que hiciese una ecografía *doppler* para confirmar o descartar el diagnóstico. Sólo lo tenía en horario de tarde, que es cuando liberado de su actividad en la sanidad pública aquel especialista, que hacía doblete, por la tarde acudía al hospital privado.

Como tantas veces, la sanidad pública tiene que cubrir las carencias de la privada, mientras esta, a su vez, se aprovecha de la insoportable lista de espera de aquella asumiendo sus pacientes, lo que es la consecuencia de un embudo cuya parte ancha es una sanidad universal sin reservas y la estrecha una limitación de recursos cada vez mayor, lo que se puede resumir en esta frase que la define: todo para todos, pero vaya usted a saber para cuándo.

Allí se fue *A.* con sus padres explicando en el mostrador de urgencias del hospital público lo que le pasaba y que podía tratarse de una torsión testicular.

Como si aquello lo hubieran consultado al Dr. Google y no viniesen de otro hospital, tuvieron que esperar a que la burocracia sanitaria desplegase toda su ineficacia transcurriendo un par de horas antes ser atendido mientras *A.* se retorcía de dolor.

Una joven doctora de urgencias pidió luego las típicas pruebas de sangre, de resultado anodino, e hizo una exploración básica tras una genérica anamnesis, para concluir que lo que tenía era una orquiepididimitis (inflamación del epidimio) mandándole a su casa con un antibiótico y un analgésico.

No conformes, a primera hora de la tarde regresaron al hospital privado, que ya tenía a su urólogo a tiempo parcial, siendo atendidos de nuevo y realizando la ecografía que permitió diagnosticar la torsión testicular con un grado de isquemia tan avanzado que no quedaba más remedio que extirpar aquel testículo necrosado.

Con este relato de lo ocurrido como era mi primer caso de torsión testicular (luego vinieron más que hasta hizo convertirme en un experto), les expliqué que lo estudiaría y que intentaría que en un par de semanas pudiera exponerles si la reclamación era viable.

Pude comprobar hasta qué punto los manuales y protocolos exigen realizar un diagnóstico diferencial entre esas dos patologías, más que nada porque en caso de ser una torsión hay que actuar con gran rapidez, dado que 6 horas de evolución pueden dar al traste con la viabilidad del testículo torsionado.

Les expliqué entonces que la reclamación era factible a los dos hospitales: uno por falta de medios y a otro por tener sus medios colapsados.

Aunque ellos pensaban que realmente era el hospital público donde se había cometido el error diagnóstico, tuve que exponer que a esa situación no se habría llegado si el primer hospital tuviese, como debía, un urólogo disponible para ese tipo de urgencias. Mientras que, en el segundo hospital, que sí tenía urólogo, la médico de urgencias que había visto a *A.* después de varias horas desde el inicio del cuadro, con el testículo muy comprometido, aunque hubiese llamado al urólogo, lo que tampoco hizo, posiblemente ya sería tarde.

No fue difícil que el inspector médico instructor del expediente reconociese que hubo un error diagnóstico, pero echando balones fuera para atribuir la responsabilidad solo al hospital privado, liberando al público.

Esto hubiera quedado ahí si no fuera porque la indemnización concedida (29.000 euros) no alcanzaba al 70 % de lo pedido. Como casi siempre, la Administración aplicaba sus propias rebajas.

Por eso recurrimos la resolución, pero hete aquí que el hospital privado también lo hizo, no conforme con pechar él con la culpa, pues consideraba que el diagnóstico correcto lo habían hecho ellos, y que tampoco tenían obligación de disponer de un urólogo de guardia.

Fue un pleito a tres bandas, donde yo reclamaba más dinero a ambos hospitales, otro decía que ese dinero bastaba y un tercero alegaba que lo pague el otro y gracias.

Lo inusual era que por esta vez nadie me iba a discutir el error. Con lo cual me vi inmerso en proceso donde incluso pude tomar postura, para cargar más la culpa sobre uno u otro.

Para mí todos merecían ser condenados por igual, y así lo expuse. Hubo un momento especialmente revelador cuando pregunté a aquel urólogo solo de tarde en el hospital privado si disponía de radiólogos también por las mañanas, a lo que me respondió con un «por supuesto», como queriendo enfatizar que aquel era un gran hospital.

No hice la siguiente pregunta porque era obvia, aunque su mirada al cabo de unos segundos demostraba hasta qué punto sabía que era una pregunta trampa. Mientras la jueza anotaba en sus papeles la importancia del dato, pues la ecografía también podría hacerla el radiólogo.

El perito que llevó el hospital privado ya hizo el resto del trabajo explicando porqué hay que hacer un diagnóstico diferencial en estos casos de dolor testicular de súbita aparición, sobre todo en pacientes púberes y jóvenes, siendo la prueba *gold standard*, como dicen los americanos, la eco *doppler*.

Finalmente, la jueza condenó a ambos hospitales a indemnizar en 45.000 euros, más intereses, con ese doble reproche que planteamos en nuestra reclamación: ambos con sus propios déficits habían contribuido en una cadena de errores a propiciar el fatal resultado.

Más allá de tratarse de un error evitable por partida doble, lo ocurrido desvela los defectos de dos sistemas sanitarios que funcionan en órbitas distintas, pero con la misma finalidad: abaratar los costes de la asistencia. Uno para incrementar sus beneficios y otros para evitar salirse de su limitado presupuesto.

Ambos recurren al mismo eufemismo —racionalizar la asistencia— para justificar su *modus operandi*, sin preocuparles lo que consideran daños colaterales de esta organización, como lo fue *A.*, para llegado el momento defender su inocencia a ultranza, y si hubiese que indemnizar lo haría la aseguradora.

Prefieren pagar generosas primas de seguro y correr un tupido velo sobre esos errores para evitar que se conozcan, que asumir los costes que supondría interiorizar sistemas de seguridad para el paciente y mejoras organizativas.

El sistema no está preparado para aprender del error, corregir las disfunciones que lo propician e implementar cambios, porque se niega la mayor, que es el error mismo, palabra tabú que nunca se reconoce, al menos de puertas afuera.

Prefieren llevar la discusión sobre el error al medio judicial, litigar siempre que sea posible hasta el final, y utilizar un gran despliegue de medios para defenderse con el silencio cómplice del atávico corporativismo médico y una realidad científica moldeada por peritos de dudosa ética acomodados a los intereses de esa industria que gravita alrededor del error médico.

El día que se analice no como el antecedente de un litigio, sino como la consecuencia de un fallo humano o de una organización mal planteada, su análisis se desplazará de la sala de vistas de un juzgado a comités de seguridad que tengan como misión establecer protocolos que eviten que los errores se repitan, sin buscar culpables sino soluciones.

Bendita ingenuidad la mía, que pienso que esto será posible alguna vez; pero... ¿saben ustedes cuántas torsiones testiculares mal diagnosticadas he visto desde entonces? Cinco en tres años.

12.
SUICIDIO EVITABLE

¿Saben ustedes que el suicidio en la primera causa de muerte en el mundo occidental? ¿Y que el consumo de psicofármacos no ha dejado de incrementarse en las últimas décadas?

Lo leo en el libro *Sedados*, ensayo del investigador inglés James Davies, publicado recientemente y muy bien documentado, donde expone la escasa utilidad de los antidepresivos a largo plazo, incluso del riesgo verificado en ensayos clínicos de provocar nuevos episodios de depresión más graves por un consumo descontrolado.

La sociedad del siglo XXI vive expuesta a una serie de acontecimientos funestos que parece la maldición de las siete plagas: pinchazo de la burbuja inmobiliaria, crisis financiera, recesión, éxodos masivos por conflictos geopolíticos, pandemia, guerras cercanas, crisis energética, inflación galopante, desabastecimiento de materias primas...

Este encadenamiento de desgracias sociales genera una pérdida de bienestar y sobre todo de seguridad ante un presente sombrío y un futuro desconcertante, en manos, además, de políticos en los que cada vez confiamos menos.

Por amigos y conocidos que se dedican a la psiquiatría y la psicoterapia sé que sus consultas están atiborradas en los últimos años, que su lista de espera se incrementa, lo cual es consecuencia de este malestar social que se traduce en una mayor intransigencia e incluso de agresividad en los comportamientos individuales a pie de calle.

Las unidades de salud mental de los servicios públicos de salud corren la misma suerte, desbordadas por la falta de personal ante el aluvión de pacientes aquejados de patologías psiquiátricas reactivas a estresores como el trabajo extenuante o la falta de trabajo, los conflictos interfamiliares, la soledad, el acoso laboral y escolar, o el descontrol ante situaciones extremas que se vuelven cotidianas.

No es fácil gestionar esa epidemia de enfermedades de la mente —y del alma— mediante técnicas de psicoterapia porque exigen tiempo de consulta y, sobre todo, dinero si se tiene que acudir a un profesional privado.

Es más fácil y rápido, aunque no necesariamente más barato para el sistema de salud, recetar ingentes cantidades de psicofármacos, a veces introducidos con poca cautela, que pueden provocar ideaciones autolíticas en el paciente.

Eso fue lo que le pasó a *I.*, que tras un primer intento suicida se le incrementó la dosis de Escitalopram y de Mirtazapina. Ambos son antidrepresivos, pero en sus respectivos prospectos se advierte del riesgo de pensamientos suicidas, por lo que los pacientes, según se dice, «deben ser monitorizados cuidadosamente durante el tratamiento».

I. era una mujer que todavía no había llegado a los 70 años, pero a esa edad en la que uno tiene que estar más para recibir cuidados que para darlos, ella era la cuidadora principal de su hijo discapacitado. Por sus años y por un problema vascular que le aquejaba, cada vez se veía más incapacitada para darle esa asistencia de madre permanente.

El nieto de *I.*, un joven acostumbrado a estar muy pendiente de su abuela y de su padre, advirtió a las enfermeras del hospital donde había ingresado por un problema vascular, que la veía peor, más triste y preocupada por cómo podría ayudar a su hijo si ella no se recuperaba bien.

Una noche, cuando después de la cena acompañaba a su abuela, acudió asustado al control de enfermería porque estaba diciendo «que se iba a tirar por la ventana». Su nieto no podía quedarse con ella hasta el día siguiente y buscaba mayor atención y vigilancia.

Nadie avisó al psiquiatra de guardia, ni siquiera al médico de urgencias. Las rutinas siguieron su curso normal hasta que a la mañana siguiente sobre el mediodía *I.* salió de su habitación, se dirigió hacía un espacio común, se encaramó a un murete de apenas 70 centímetros y finalmente se precipitó desde la tercera planta al atrio central del hospital.

Aquello tuvo cierta resonancia social en una pequeña capital de provincia, e incluso dio lugar a una interpelación parlamentaria que se saldó con una investigación interna que dio por buena la actuación sanitaria a *I.*, concluyendo que aquella desgracia fue el producto de un acto voluntario que no se había podido evitar.

Aquel nieto, que estaba incluso más afectado por la intransigencia político-sanitaria ante lo ocurrido, acudió a mi despacho para que valorase si se podía reclamar al servicio de salud por lo ocurrido una vez que el juzgado de instrucción había archivado el caso.

Aunque le escuché con mucha atención, todavía con la voz entrecortada al rememorar lo ocurrido, siempre explico que las claves están en la historia clínica, que para mí es la caja negra de cualquier siniestro sanitario.

Ante ese comentario sacó de una bolsa el archivador con la historia clínica de su abuela, perfectamente ordenada y anotada, con marcadores de colores y *post-it* con sus comentarios.

Lo miré satisfecho y le que dije que me había ahorrado varias horas de trabajo, así que me senté a su lado, desplegué aquellos documentos encima de la mesa y me puse a repasar con él cada página, cada anotación suya.

La conclusión, viendo las hojas de cuidados de enfermería, es que aquello podía haberse evitado con una mayor prevención por su parte, sobre todo cuando pude leer una frase que sabiendo lo que luego paso me estremeció: «la paciente dice que 'voy a morir aquí'».

Cerré el archivador, miré aquel chico entristecido al recordar lo ocurrido, y le dije: un suicidio es un acto voluntario, pero no hicieron nada por evitarlo, tu abuela estaba a su cuidado, no debieron banalizar sus comentarios pues fueron como un S.O.S. que no supieron interpretar. Acepto llevar el caso, pero después del circo político y mediático que hubo no van a reconocer su error.

Así fue, y pasamos esa travesía por el desierto del procedimiento administrativo con pena pero sin gloria; estaba reservada para después.

Presentamos el recurso, luego la demanda y llegó la hora del juicio. Llevamos como perito a una psicóloga clínica experta en conductas suicidas, materia sobre la que había desarrollado su tesis doctoral. De contrario declaró el jefe del servicio de psiquiatría del hospital, con esa actitud de superioridad intelectual basada exclusivamente en un título.

Pero sucede que el escenario judicial, la sala de vistas, tiene una escenografía donde la superioridad, al menos en la puesta en escena, la tienen señores y señoras sentados en el estrado y vestidos de negro, que utilizan un código de expresión que somete al interrogado a una situación menos propicia para la mentira, al menos consciente.

Es cierto que esos interrogatorios no son espontáneos, pues quienes declaran están aleccionados previamente para hacerlo en un determinado sentido que favorezca a la parte que lo propone.

Pero, así como popularmente se dice que las mentiras tienen las patas cortas, yo creo que realmente les falta una pata, porque a poco que aprietes a los testigos verás como cojean, se trastabillan y terminan cayendo.

Y esto fue lo que ocurrió al interrogar al jefe de servicio, teniendo a la mano la historia clínica y la ficha técnica de esos dos antidepresivos que, tras el primer intento de suicidio, se incrementó la dosis.

Quedó en evidencia que existía un riesgo de suicidio y que además el paciente estaba avisando de sus intenciones. Es cierto, como expresó este testigo, que la contención mecánica es una solución extrema, aunque hoy existen sistemas menos traumáticos para el paciente. Pero no se hizo una valoración médica desde el ingreso hasta que se precipitó al vacío, al menos para ver su evolución y tomar las medidas necesarias ante un riesgo evidente de suicidio.

La paciente avisó, el nieto avisó, los antecedentes avisaban... tres avisos y ninguna reacción, más que la indiferencia.

La sentencia no se hizo esperar y terminó condenando a la Administración sanitaria por eso que llaman pérdida de oportunidad, porque se privó a la paciente de una asistencia que hubiera podido evitar lo que desgraciadamente ocurrió, aunque nunca sabremos que otra asistencia mejor lo hubiera evitado.

Su nieto, ya reconfortado, me pidió un favor. Me dijo «quiero que se conozca esta sentencia, que se publique en la prensa, hazla llegar a todos los medios posibles». Y así fue, teniendo una amplia repercusión mediática.

Fue su postrero homenaje a la memoria de su abuela, una mujer víctima de una vida difícil, de una sobremedicación prescindible y de una falta de los cuidados necesarios en los últimos días de su vida.

13.
SIN CUIDADOS PALIATIVOS

Es una mañana de sábado primaveral que anuncia un día soleado. Desayuno con la pausa propia de una jornada de asueto. Me entretengo con el móvil navegando por una red social. Llama mi atención la noticia de un cortometraje. Realmente lo había visto tiempo atrás, pero quise verlo de nuevo.

La breve historia cargada de intensidad emocional de un niño que a diario llegaba tarde a la escuela y al que se profesor reprendía severamente con un golpe de regla en la palma de la mano. Un día cualquiera pudo averiguar casualmente el motivo de su retraso. Tenía que cuidar de su madre inválida. A la mañana siguiente, cuando el niño cabizbajo ofreció su palma para el ritual del castigo, el profesor arrepentido depositó la regla sobre la pequeña mano, la besó y abrazó a aquel niño que asumía tareas de hombre.

Aparte del mensaje de no juzgar a los demás sin conocer todos los detalles, me hace pensar cuán necesaria es que las familias de los enfermos crónicos y dependientes cuenten con ayuda profesional, tanto para aliviar a estos como para instruirles sobre la mejor forma de sobrellevar la última etapa vital de los que sufren una enfermedad incurable abocada a un fallecimiento temprano.

Se ha legislado para garantizar los derechos de estos pacientes en lo que se ha llamado una muerte digna, aunque realmente debería serlo a una vida digna hasta el último instante. Pero de qué sirven esas leyes sino se acompañan de reglamentos que las desarrollen en concretas actuaciones respaldadas con asignaciones presupuestarias que eviten que determinados derechos queden vacíos de contenido.

Esto fue lo que les faltó *S.* y *M.*, hijas de un paciente diagnosticado en los albores de una primavera de un tumor en estado muy avanzado que producía una dolorosa obstrucción intestinal, falleciendo antes del final del verano.

Su día a día se convirtió en un calvario, con idas y venidas al hospital, tratamientos pospuestos y finalmente descartados, sin que, a pesar de que por los doctores se sabía que estaba próximo su fatal desenlace, se ofreciera la asistencia de cuidados paliativos, recogidos en la cartera de servicios del sistema nacional de salud.

Con esos cuidados no solo se atiende al paciente y se le da un confort para vivir con dignidad, es decir, sin dolor sus últimos días, sino que a los primeros cuidadores, que son los familiares, se les dan unas pautas para sobrellevar el doloroso trance de ver cómo se marcha poco a poco de sus vidas un ser querido.

Hasta qué punto son necesarios esos cuidados lo comprobé unos años antes. Un cliente mío, joven todavía y médico de profesión, fue diagnosticado de una enfermedad terminal. Su padre me lo había contado con resignación y mucha tristeza. Coincidí con aquel joven médico, con al menos 20 kilos menos de peso en la cola del banco, lo saludé afectuosamente al tiempo que vi cómo se apoyaba en la pared; era evidente su cansancio. Me salté la cola y entré en el despacho del director a quien comenté la situación, saliendo personalmente a atenderlo.

Unas semanas después me contaron que había fallecido rodeado de su familia en paz y confortado en su dolor por la analgesia administrada por una compañera y amiga. Antiguamente era trabajo de sacerdotes; sin sustituir a estos para quienes tienen fe, los médicos especialistas en cuidados paliativos dan una nueva dimensión al trance de morir sin dolor, al menos físico.

Fue lo que le faltó al padre de *S.* y *M.* y a ellas mismas. La verdad es que nunca se me había planteado un caso igual, siempre enfocado en el error médico que impide al paciente beneficiarse de una curación factible, pero en este caso sin curación posible.

Lo que reclamamos era que, por una falta de cuidados paliativos, se impidió al paciente sobrellevar sus últimas semanas de vida sin dolor, y a sus hijas sin la angustia y la impotencia de tantas idas y venidas al hospital. Paños calientes sin continuidad y sin un plan estructurado para aliviar los síntomas de una enfermedad incurable.

S. y *M.* fueron quienes de, todavía impresionadas por la vivencia, relatarme aquellas últimas semanas de su padre sin cuidados paliativos. Una más entera y racional, otra más emocional y llorosa. Las dos supieron hacerme ver hasta qué punto el sistema sanitario les falló, les dejó solas al cuidado domiciliario de un padre moribundo.

Tramité la reclamación y, como casi siempre, fue como predicar en el desierto. Lo peor no es que no te hagan caso, sino leer las excusas de quienes, con responsabilidades asistenciales, se justifican a sí mismos para eludir no tanto cualquier atisbo de autocrítica, sino al menos la más elemental disculpa humanamente exigible, máxime en esto casos, pues lo que les movía a estas hijas no era tanto ser compensadas económicamente, sino el reconocimiento de que les habían fallado, y que se intentaría que no volviese a ocurrir.

Acudimos al juzgado y ahí se nombró a un perito independiente para que analizara médicamente lo ocurrido. Su dictamen fue demoledor, tanto en lo que suponía la constatación de una obviedad (la abstención de cuidados paliativos), como en aquello que había pasado desapercibido desde el principio (una concatenación de demoras diagnósticas e incluso de errores terapéuticos). Y en consonancia con su dictamen la sentencia estimó totalmente nuestra demanda e incluso imponiendo las costas a la Administración.

Aquella sentencia fue noticia de amplia repercusión. Por primera vez se cuestionaba judicialmente la falta de cuidados paliativos a un paciente y se ponía en entredicho los fallos del sistema.

Sin embargo, el tiempo pasó y he vuelto a conocer casos similares. Ya no es un fallo puntual sino una auténtica falla que agrieta la asistencia a quienes ya no se pueden curar, pero al menos sí se puede aliviar su sufrimiento con un arsenal de medicamentos que, con un uso cuidadoso por médicos especialistas, pueden ayudar al paciente y de paso también a su familia.

Hasta qué punto son necesarios nos lo recuerda Atul Gawande en su libro *Ser mortal. La medicina y lo que de verdad importa*:

> La sociedad tecnológica ha olvidado lo que lo expertos denominan el «papel del moribundo», y su importancia para las personas a medida que la vida se acerca a su fin. La gente quiere compartir sus recuerdos, transmitir su sabiduría y sus objetos personales, arreglar las relaciones, establecer sus legados, ponerse en paz con Dios y asegurarse de que las personas que dejan atrás van a estar bien. Quieren finalizar su historia en sus propios términos. Este papel es, según los observadores, uno de los más importantes de la vida, tanto para los moribundos como para las personas que estos dejan tras de sí. Y eso es cierto, la forma en que le estamos negando a la gente ese papel, por cerrazón y descuido, debería ser

> motivo de vergüenza eterna. Una y otra vez, los profesionales de la medicina socavamos los momentos finales de la existencia de las personas, y luego nos mostramos ajenos al daño causado.

Bonitas palabras, aunque duras, que no siempre calan en la conciencia de los responsables sanitarios, para quienes quizás estos pacientes ya no son un reto asistencial. Quedan en manos de las asociaciones que se organizan para dar altruistamente una asistencia profesional que nos devuelve a una sanidad de beneficencia.

Mientras tanto, la actualidad nos trae el debate sobre la eutanasia. Soy un libre defensor de la libertad individual y por ello considero que el Estado tiene que facilitar las legítimas aspiraciones de quienes en su sano juicio han tomado la meditada decisión de poner fin a sus días.

Pero entre una asistencia sanitaria para vencer la enfermedad y ganar vida y otra para perderla existe un espacio para la vida enferma pero digna, en ese tránsito final hacia una muerte inevitable y cercana. Son los cuidados paliativos que necesitan más protagonismo del que en realidad tienen. Sólo así podremos dar auténtico sentido a ese derecho fundamental clave de todos los demás, que consiste en preservar y proteger la dignidad de la persona.

14.
EMBARAZO NO DESEADO

Cualquier que haya sido padre —o al menos yo así lo he percibido— recordará como uno de esos momentos más felices el nacimiento de un hijo. También todo el proceso de embarazo, con la lógica incertidumbre, desde el primer día y luego durante nueve meses —a veces menos— hasta el nacimiento del niño o niña —en ocasiones más de uno—.

Son una suma de emociones, sobre todo en el primer embarazo: alegría no exenta de preocupación, esperanza, pero con el reto de la nueva responsabilidad que conlleva y orgullo por traer una nueva vida aun con los temores ante un futuro incierto. Hay un dicho médico, quizás más propio de otra época con mayor mortalidad perinatal, que apuntaba a que el momento de mayor riesgo en nuestras vidas es precisamente cuando nacemos.

He conocido casos de muerte súbita intraútero, incluso sin causa conocida, en embarazos absolutamente normales. En otros casos con una causa aclarada —como fue la pérdida de líquido amniótico— que luego se demostró que podría evitarse con un escrupuloso control ecográfico del cual careció la gestante.

Pero no siempre un embarazo se recibe con esa mezcla de sentimientos, sino con otros distintos, como puede ser la frustración y la zozobra ante algo no ya inesperado sino particularmente no deseado. De ahí que las mujeres tengan un tiempo —14 semanas— para decidir cómo proceder, si interrumpir voluntariamente el embarazo o continuar con él.

Hay muchas mujeres —también hombres— que recurren a métodos anticonceptivos para evitar esta situación. Desde intervenciones quirúrgicas —como son la ligadura de trompas—, a dispositivos intrauterinos —como el conocido DIU— u otros que se insertan en las trompas —los tristemente famosos *Essure*—, hasta el popular preservativo o la menos conocida píldora del día después.

Pero salvo este último —también llamada píldora abortiva— ninguno los métodos tiene un 100 % de efectividad.

Por eso hay mujeres que, usando un método anticonceptivo ante la confianza, e incluso falsa seguridad, de no quedarse embarazadas, cuando incrédulas observan el test positivo, aunque el aborto pudiera ser una opción para ellas no es la solución.

A ninguna mujer embarazada por un fallo de la anticoncepción se le puede exigir que aborte, como asumiendo que si no lo hace estaría disculpando el propio fallo, aun derivado de un defecto del producto. Por eso no puede reprochársele una supuesta incongruencia con la decisión previa de no tener hijos (o más de los que ya tiene). El Tribunal Constitucional en una sentencia del siglo pasado ya expuso que «la libertad de procrear es uno de los aspectos que integran el libre desarrollo de la personalidad».

Algo así le sucedió a *A.*, que mediada ya la treintena y con dos hijos acudió a mi despacho en su tercer embarazo.

Me contó que era portadora de un DIU, a pesar de lo cual se quedó embarazada. Yo le pregunté si sabía que no era un método infalible, a lo que me contestó que su problema es que el DIU había desaparecido.

Ante mi sorpresa de cómo podía haber ocurrido eso me dijo que debió expulsarlo sin darse cuenta, y que había investigado enterándose de que el fabricante del DIU había comunicado una partida defectuosa, dando lugar a la correspondiente alerta, pero sin que nadie le hubiese avisado.

Vale, le dije, entonces necesito saber si ese DIU que portabas es de aquellos defectuosos que fueron comunicados por el fabricante a las autoridades.

En ese momento, como esperando mi pregunta, saca de su cartera una tarjeta de plástico, del tamaño de una de crédito, donde ponía el nombre del fabricante del DIU, el modelo y la fecha de implantación, pero sin la referencia al lote y al número de identificación.

Le comento que no es suficiente y que tendremos que leer la historia clínica a ver si ahí viene.

Al cabo de una semana me trae un sobre con los informes médicos y hojas de curso clínico y antes incluso de empezar a leerlos me anticipa que no aparecen por ningún lado esos datos. Aun así, reviso a conciencia la documentación y efectivamente en el informe relativo a la implantación del DIU se repite lo mismo que sabíamos.

Le comento entonces, ya conocedor del problema de los DIU defectuosos al haber leído las alertas sobre ese producto y algún informe más, que el hospital público se equivocó, incumpliendo la normativa que exige documentar correctamente el producto implantado, entregando una tarjeta identificativa que permita seguir la trazabilidad, es decir, su número de serie, el lote, el modelo y el fabricante.

Faltaban datos y sin ellos era imposible imputar la responsabilidad al fabricante por los daños derivados de un producto defectuoso.

Había que cambiar la estrategia habitual en estos casos y dirigir la acción contra el servicio de salud al que pertenecían los facultativos de ese hospital que no habían hecho correctamente su trabajo.

Me pregunta entonces qué se puede reclamar y cómo. Le digo que podemos empezar ya, para adelantar tiempo, pues estos procedimientos legales son largos, pero que los términos de la reclamación cambiarán cuando sepamos si el niño que viene nace y en qué condiciones. Explicándole a continuación que hay un daño para su esposo también por el shock de la notica inesperada, pero sobre todo para ella por los cambios fisiológicos y de modo de vida que implica un embarazo, aunque cuando se produzca el nacimiento habrá otro daño que son los gastos que va a suponer su crianza, de ahí que deba saber si va a continuar con el embarazo.

En esto se pone seria, como si esa decisión no fuera nada fácil, y me dice que tanto ella como su esposo valoraron la opción del aborto por los problemas económicos que se avecinaban al pasar a ser familia numerosa, como tener que comprar un coche donde entrasen la cunas y los cestos (que lejos, pensé, parecen los tiempos de mi infancia viajando en un Simca 1000 los cuatro de familia más la abuela cuyo regazo hacía las veces de silla de seguridad).

Pero aun con las estrecheces económicas que iba a suponer la llegada de un tercer hijo habían decidido apretarse el cinturón y seguir adelante con el embarazo, porque además el aborto no era algo que entrase dentro de sus convicciones, aunque todos sabemos que, aun siendo barreras morales que intentan contener nuestras decisiones de determinadas influencias externas, no siempre son infranqueables.

Tocaba ponerse manos a la obra y preparar la reclamación contra el servicio público de salud, pero añadiendo, porque la regulación del procedimiento administrativo lo permite, al fabricante del DIU presuntamente defectuoso.

Sí, ya sé que había dicho que sin datos del concreto dispositivo implantado no podíamos atribuir la responsabilidad al fabricante, pero quería que fuese llamado al procedimiento para reforzar esa tesis o al menos saber lo que tenía que decir al respecto.

Una vez más chocamos contra un muro que más que de las lamentaciones parecía el muro de la vergüenza. Por mucho que probamos el incumplimiento normativo, tanto en lo que respecta a la documentación del dispositivo como a la información a la paciente de los cuidados y revisiones que proceden, la Administración siempre tiene argumentos exculpatorios —aun absurdos— para eludir su responsabilidad y abocar al perjudicado a la vía judicial.

Y allí nos fuimos demandando tanto a esa Administración inasequible en la defensa numantina de sus actuaciones, incluso antijurídicas y a sabiendas de que lo son, como al fabricante, aun a pesar de que frente a este nuestros argumentos eran limitados, precisamente por no disponer de todos los datos identificativos del DIU.

No crean que demandamos sin ton ni son y a discreción, sino que consideré que la mejor estrategia de defensa era traer al procedimiento a quien iba a adoptar una postura contraria a la de la Administración, pues la única forma de defender la fiabilidad y seguridad de su producto era precisamente atribuyendo el error a la otra parte por no documentar correctamente sus datos identificativos.

Sabía, además, porque me ha tocado enfrentarme a ellos en variadas ocasiones, que esas multinacionales farmacéuticas y sus similares aseguradoras contratan a grandes bufetes internacionales que dedican ingentes recursos personales a defender a esos poderosos clientes que contribuyen generosamente a su cuenta de resultados, lo que se traduce generalmente en una defensa seria y bien fundamentada técnicamente.

Es cierto que a veces hay que tener muy pocos escrúpulos para defender los intereses de la industria farmacéutica ante el convencimiento del error causado y del horror que produce, sobre todo si se dan daños múltiples. Se expresa muy bien ese conflicto en el libro *El imperio del dolor* de Patrick Radden Keefe, sobre la epidemia de opiáceos que asoló a Estados Unidos a principios de este siglo por las prácticas perniciosas de un gran laboratorio farmacéutico propiedad de la en otros tiempos honorable familia Sackler.

> En un momento dado, Joanna Lydgate, la fiscal general adjunta de Massachusetts, invocó una máxima que a ella le había enseñado un profesor de la facultad de derecho: «Todo el mundo tiene derecho a un abogado, pero ese abogado no tenéis por qué ser vosotras ni vosotros».

Demandando al fabricante buscaba, en contra de lo que aparentemente se pueda pensar, no a un enemigo procesal sino a un aliado en la defensa del argumento más fuerte que tenía para ganar el pleito, que fueron los errores de los facultativos, aunque en mi fuero interno sabía que ese DIU era uno de los notificados como defectuosos. Pero la verdad no hay que intuirla sino demostrarla.

Cuando el fabricante contestó a la demanda aportó ingente documentación técnica y médica que pretendía acreditar la solvencia de su producto y, sobre todo, el contenido de la exhaustiva información que como salvaguarda de ulteriores responsabilidades pretende advertir de todos los riesgos posibles de su producto.

Dentro de esa documentación iban varios modelos de consentimiento informado, que coinciden con los propios que la sociedad científica de referencia protocoliza, generalmente basados en estudios que avala el propio fabricante (tema distinto es la influencia que sobre sus autores ejerce quienes los financia).

La víspera del juicio, preparando la prueba que iba a practicarse, vi que el perito de la aseguradora del servicio público de salud era el coordinador de ginecología del hospital cuyo logo recordaba haber visto entre aquella otra documentación.

Rebusco de nuevo y ¡Eureka!, allí estaba un documento de consentimiento informado del mismo hospital de aquel perito que informaba en su dictamen que no era necesario para la implantación de un DIU. Cuando luego en el interrogatorio saqué a relucir ese documento que tuve acceso gracias al fabricante demandado, su aparente seguridad en las explicaciones previas se vino abajo respondiendo con voz timorata que él no usaba ese documento, a lo que el juez, que generalmente no hace comentarios, le dijo: «pues debería usarlos, sobre todo para no tener que venir aquí».

Aquello fue un anticipo premonitorio de lo que estaba por venir y que llegó al cabo de unas semanas en forma de una sentencia en la que nos daba la razón estimando el recurso y concediendo una indemnización a que fue condenada la Administración y su aseguradora, y no solo por los daños derivados de la falta de información y del proceso de embarazo, sino, lo que resultaba hasta cierto punto inédito, también en concepto de lucro cesante por los recursos que la economía familiar tendría que dedicar a ese nuevo hijo, estimados en base a un informe pericial que habíamos aportado.

Por primera vez se indemnizaba por ese concepto el nacimiento de un hijo sano, pues tradicionalmente esa indemnización se reservaba para casos de niños con deficiencias de origen genético no detectadas durante el embarazo.

El fabricante fue absuelto porque no se pudo probar el defecto del DIU al faltar sus datos. Su defensa del caso nos sirvió de inestimable ayuda para obtener el éxito que pretendía. La justicia en ocasiones depara extraños aliados.

Hubiera preferido que la condena se abonase con cargo a la cuenta de resultados del fabricante y no de los presupuestos de la Administración, pues estos los pagamos todos con nuestros impuestos y aquellos son los beneficios de unos cuantos accionistas. La Administración, con su error. perjudicó a mis clientes, pero también benefició a una gran empresa sanitaria, que por eso pudo eludir la condena.

Al menos esta vez el error no trajo consigo una desgracia personal o familiar, sino una nueva vida que tras el susto inicial ahora es un niño que alegra a sus felices padres, aunque más atareados en el cuidado de su considerable prole.

15.

CON LA INDUSTRIA HEMOS TOPADO

Era una soleada mañana de septiembre que se filtraba a través de la celosía de la sala de vistas de un juzgado de lo contencioso-administrativo.

Interrogaba a dos peritos ginecólogos, propuestos por el gigante mundial de la aspirina, Bayer, y una aseguradora, que declaraban conjuntamente.

Enfrente, en el estrado, tenía a cuatro abogados que defendían la tesis de que *Essure*, un anticonceptivo propiedad de Bayer, era inocuo, o al menos lo había sido para *M.*, mi cliente, a la que tuvieron que extraérselo y con él sus trompas de Falopio y el útero.

— ¿Por qué el documento de consentimiento informado no recogía esos riesgos? —pregunté—.

— Porque las sociedades científicas consideraban que la información suministrada era aquella relevante de acuerdo con el estado de los conocimientos —me contestaron—.

— Pero miren ustedes, el manual de instrucciones publicado por Bayer ya entonces contemplaba esos riesgos, además de otros como las algias pélvicas o las menstruaciones prolongadas y dolorosas.

— Esa información estaba en internet, yo tenía acceso a ella, así que su cliente también podía verla —suelta uno de los peritos—.

— Entonces —pregunto de nuevo—, ¿no consideraba usted esa información relevante para que una mujer, sin necesidad de acudir a una fuente que no siempre es fiable, como internet, obtuviera de su profesional de confianza los riesgos que el propio fabricante reportaba?

— Eran riesgos marginales —dice mientras encogía los hombros—.

— Pero lo suficientemente graves para que una mujer bien informada pudiera decidir entre varias posibilidades de contracepción —añado—.

— La ligadura de trompas también tiene esos riesgos y otros —me dice—.

— Ya, pero tampoco de eso se informó, sea una ligadura o cualquier otro sistema, no hay constancia de ninguna alternativa como manda la ley —insisto—.

— Bueno, se la habrán dado de palabra, no sé, yo lo hago, me dice uno de los peritos.

— Ya, usted sí, y entiendo que lo anota en la historia clínica como también manda la ley, pero en este caso no hay nada anotado.

Silencio...

Después del juicio, que se extendió durante cuatro horas, a solas en mi despacho reflexiono sobre lo acontecido y pienso en lo curioso que resulta eso de que una sociedad científica, que de algún modo representa a todos los ginecólogos de este país, decida qué información del fabricante se da al paciente y cuál no, máxime cuando estamos ante eso que se llama medicina satisfactiva por contraposición a la medicina curativa, pues el Essure no cura ninguna enfermedad sino que solo pretende satisfacer el deseo de una mujer de no tener hijos.

Días después un ginecólogo me confiesa que el Essure fue un engaño, primero a los médicos y después a las pacientes.

Al menos lo que parece obvio es que la información científica sobre este dispositivo que se colocaba en las trompas para conseguir una esterilización permanente tuvo dos versiones: una real y otra comercial; una que conocía el fabricante y otra dulcificada que llegaba a los médicos y a través de ellos a las pacientes. Una información a dos velocidades, o si se prefiere dos corrientes de pensamiento sobre lo mismo: una que pretendía blindar la responsabilidad del fabricante frente a ulteriores fallos del dispositivo, y otra que intentaba vencer cualquier reticencia del mercado para su venta masiva, como así fue.

> «En el mundo de la verdad científica las corrientes de pensamiento no deberían desempeñar ningún papel, pero el caso es que lo desempeñan». Lo dice Richard Shepherd, insigne forense inglés, en su libro *Causa de la muerte*.

La verdad científica resulta elástica, según Shepherd, sobre todo cuando se mueve el terreno de las definiciones más que de los hechos, llegando a ser tergiversados los resultados de determinadas investigaciones para conseguir la aprobación de un medicamento o de un producto sanitario.

La historia reciente de la farmacología ofrece casos muy ilustrativos de esta adulteración de la verdad científica.

Como ejemplo el Vioxx, un antiinflamatotio no esteroideo (AINE), que en 1999 fue aprobado por la FDA (agencia americana del medicamento), y que cinco años después fue retirado voluntariamente por Merck, su fabricante.

Como narra Valeria Beruto en su libro *Confesiones de un comprimido* se publicó un editorial en la reconocida revista *The New England of Medicine* «acusando a Merck de manipulación y ocultamiento de datos. Varios investigadores de renombre comenzaron a elevar su voz a favor y en contra del medicamento».

Finalmente, los analistas de la FDA estimaron que Vioxx causó ente 88.000 y 139.000 ataques cardíacos, entre el 30 y el 40% de los cuales probablemente fueron mortales.

La industria farmacéutica maneja numerosos hilos, no solo políticos actuando como *lobby*, sino también médicos financiando estudios y la participación de doctores en congresos y encuentros que forman parte de una monumental operación de marketing.

En la mayoría de las ocasiones avalan un uso lícito y apropiado de sus descubrimientos y patentes para mejorar el arsenal terapéutico en la lucha contra las enfermedades. Pero en otras ocultan un fraude, que puede perpetuarse en el tiempo mientras la verdad científica no se impone a sus versiones adulteradas.

El problema es que se tardan años en saberse que tal o cual producto tenía unos efectos nocivos no documentados, efectos que mientras tanto producen daños a los pacientes

No pretendo ir de Quijote del Derecho en una lucha desigual contra esos gigantes. Son realmente lo que aparentan, enormes corporaciones que obtienen cifras de facturación superiores al PIB de muchos países.

Por eso no he convertido la batalla legal de *M.* y de otras clientas en un pleito contra el Essure, como si de una causa general se tratase, pues en su día fue avalado por la clase médica y las autoridades sanitarias, sino por los concretos Essure que a ellas les fueron implantados omitiendo información relevante.

Nuestro sistema judicial es poco amigo de las llamadas acciones de clase, que consisten en acumular las reclamaciones de un grupo de afectados contra un mismo demandado, aunque nuestra ley procesal civil lo permita.

Yo voy una a una, aun a riesgo de que recibir sentencias contradictorias.

Pero en Estados Unidas esas acciones colectivas son habituales. Quizás por ello la estrategia de Bayer sea distinta. En ese país ha llegado a un acuerdo por 1.600 millones de dólares para que las afectadas por el Essure retiren las demandas. En España defiende cada demanda con uñas y dientes, aprovechado sus ingentes recursos, tanto de grandes bufetes como de peritos pretendidamente solventes.

En estos pleitos cobra sentido ese verso de Quevedo «Poderoso caballero es Don dinero», que ese gran magistrado que es José Ramón Chaves cita en su obra *Breviario jurisprudencial de la prueba en la justicia administrativa* para ilustrar la posición de ventaja procesal que supone disponer de ingentes medios económicos, por ejemplo, para contratar peritos médicos, tan decisivos en esos pleitos.

Y tanto que lo son cuando las agencias estatales, preocupadas por su propia responsabilidad, omiten informes que ofrezcan una información oficial crítica con la industria farmacéutica, o cuando los médicos, a través de sus sociedades científicas, no se atreven a dar la voz de alarma por temor a perder la financiación de esa industria.

Algunos sí lo hacen, aun a riesgo de recibir el oprobio de sus colegas afines a esa industria y las presiones de esta, como fueron los doctores Klapp y Lenz, descubridores en los años 60 del siglo pasado de los efectos teratogénicos de la Talidomida. Héroes de la medicina.

Sin ese apoyo y sin más lanza que mi conocimiento de la materia, pero con el escudo de un dictamen pericial judicial favorable a mi tesis, he conseguido la primera victoria judicial. *M.* recibirá su indemnización por los daños causados por el Essure si ulteriores recursos no lo impiden. Llámenme Quijote, pues quizás solo sea el sueño de una noche de verano y luego instancias superiores me descabalguen de este éxito. Pero, mientras tanto, lo saboreo con gusto.

Made in United States
Troutdale, OR
10/15/2026

55844551R00073